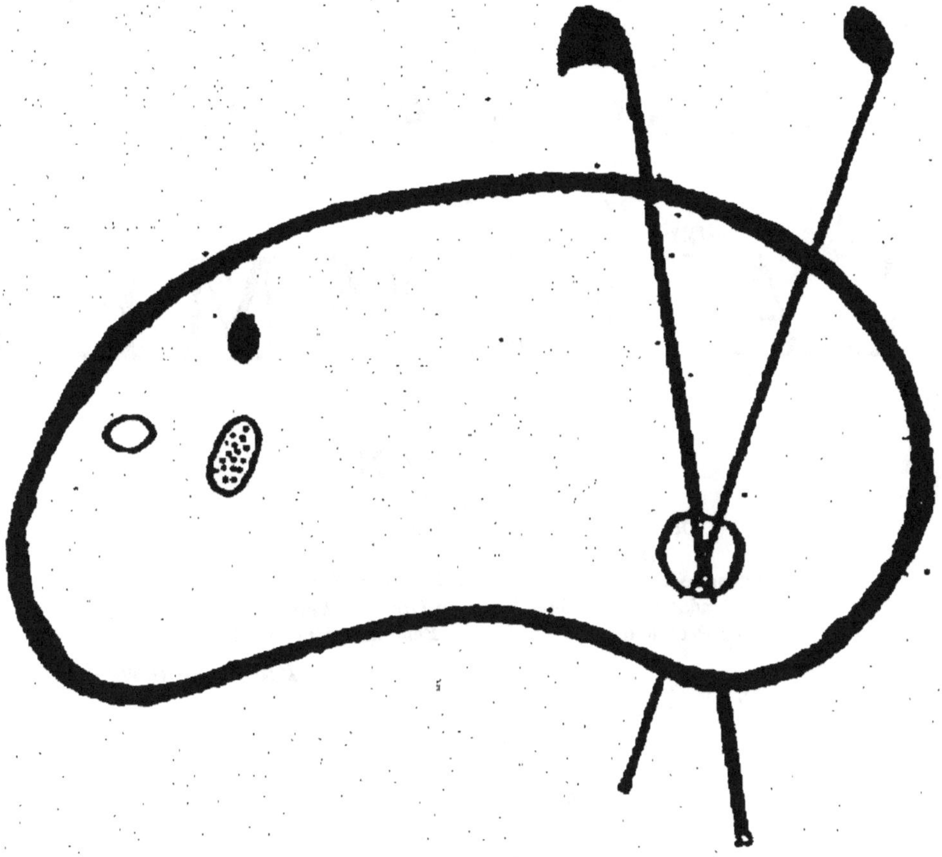

DEBUT D'UNE SERIE DE DOCUMENTS EN COULEUR

LE GRAND CATÉCHISME DE LA FEMME

PAR

LOUIS FRANK

Avocat à la Cour de Bruxelles,
Docteur de la Faculté de Droit de Bologne,
Lauréat de l'École de Droit de Paris,
Docteur spécial en Droit public de l'Université de Bruxelles,
Fondateur de la Ligue belge du Droit des Femmes,
Vice-Président de la Fédération Féministe Universelle.

Facta, non verba.

PARIS
Rue de Seine, 33.

VERVIERS
Pont St-Laurent, 21.

1894

Ernest GILON. — Exposition universelle de Paris, 1889. Économie sociale. Rapport présenté à la demande du Gouvernement français. **Les Cercles ouvriers**, in-4°. . . . . fr. 1.50

Baron E. SADOINE, ancien Administrateur-Directeur des Usines Cockerill à Seraing. — Chine, Japon, Amérique : **Exploration industrielle autour du Monde**. 1 brochure in-12 . . . fr. 0.50

Ernest GILON. — Misères sociales : **La Lutte pour le Bien-Être**. Prix académique de 10,000 fr. 3e édition. 1 vol. in-12. — Librairie Fischbacher, 33, rue de Seine, Paris . . . . fr. 3.50

Ernest GILON. — Maatschappelijke Nooden : **De Strijd om Welvaart**, uit het fransch vertaald en van een voorwoord vorzien door Mr G. Keller Jr. — Librairie H. Gerlings, Singel 486, bij het Koningsplein, Amsterdam. Prijs . . . . Fl. 2.00

Ernest GILON. — **Der Kampf um die Wohlfahrt**. Erster Theil. Bearbeitet von Docteur E. Harmening, Mitglied des Reichstags. — Leipzig, Verlag von J. G. Findel, 1891 . . . . 1 Mk.
Zweiter Theil. Bearbeitet von Gustav Maier. 1891 . . . 1 Mk.

Ernest GILON. — **Het Onderwijs en de vruchten van het Onderwijs**. Publication du Willems-Fonds de Gand (J. Vuysteke, Gand).

Ernest GILON. — Miserie sociali : **La lotta per il Benessere**, traduction italienne par Luigi Cojazzi. Milan, Tipografia éditrice Polo e Comp. 1 vol in-12 . . . . L. 3.50

Dr Ch. CORBISIER. — **Ostende-Bains**. Guide du Baigneur et du Touriste, Ostende, Blankenberghe, Heyst, Nieuport, Bruges, 1 vol. in-16, cartonné . . . . fr. 3.00

Ernest GILON. — **Biographie de Jacques Henrion**. 1 vol. in-8° avec portrait par Schubert . . . . fr. 2.00

Ernest GILON. — **Biographie d'Eugène Mélen**. 1 vol. in-8° avec portrait par Van Loo. . . . . fr. 2.00

Ernest GILON. — **Le Barrage de la Gileppe**. 1 vol. in-12, avec vues, plans, cartes (épuisé) . . . . fr. 2.00

Pierre LARAIRE. — **L'Agriculture de l'Avenir**. 1 vol. in-12 format Charpentier. . . . . fr. 3.50

Astère DENIS. — **La Voie naturelle et l'Utilité de l'Hypnotisme**. 1 vol. in-12. . . . . fr. 1.00

Emmanuel D'ABMONVILLE. — La Photographie Amusante : **A B C de l'Amateur**. 1 vol. in-12 . . . . fr. 1.50

Bibliothèque Gilon à 60 centimes le volume

La **BIBLIOTHÈQUE GILON** est patronnée par le Conseil Général de la **LIGUE BELGE DE L'ENSEIGNEMENT**, composé de:

MESSIEURS

Ernest Allard, échevin de la ville de Bruxelles, représentant;
Henri Bergé, représentant;
Ch. Buls, bourgmestre de la ville de Bruxelles, représentant;
Alfred Convert, avocat;
A. Couvreur, ancien vice-président de la Chambre;
Jean Crocq, sénateur;
Émile De Laveleye, professeur à l'Université de Liège;
Dr Hippolyte Delecosse, échevin de la ville de Bruxelles;
Adolphe Demeur, ancien représentant;
G. Duchaine, avocat à la Cour d'appel de Bruxelles;
Émile Féron, avocat et représentant;
Le comte Goblet d'Alviella, sénateur;
Ch. Graux, représentant, ancien ministre des finances;
Guillery, ancien président de la Chambre des Représentants;
Jules Guilliaume, homme de lettres;
G. Jottrand, ancien représentant;
Le Hardy de Beaulieu, ancien vice-président de la Chambre;
Henri Marichal, conseiller communal à Ixelles;
H. Pergameni, avocat et profess^r à l'Université de Bruxelles;
Albert Picard, présid^t du Conseil provincial du Brabant;
Adolphe Prins, inspecteur général des prisons du royaume;
Ernest Reisse, président du Conseil provincial;
Nicolas Reyntiens, ancien sénateur;
Optat Scailquin, conseiller comm^l et ancien représentant;
A. Sluys, directeur de l'École normale de Bruxelles;
P. Tempels, auditeur général près la Cour militaire;
Tiberghien, membre de la Députat^n permanente du Brabant;
E. Van Bemmel, profess^r à l'Université de Bruxelles;
A. Van Camp, directeur au ministère de l'intérieur;
Vanderkindere, recteur de l'Université et représentant;
P. Van Humbeeck, ancien ministre de l'Instruction publique;
Maurice Van Lée, homme de lettres;
François Van Meenen, avocat;
Jos. Van Schoor, ancien sénateur.

Abonnement annuel : **7 fr. 20** pour l'Union postale

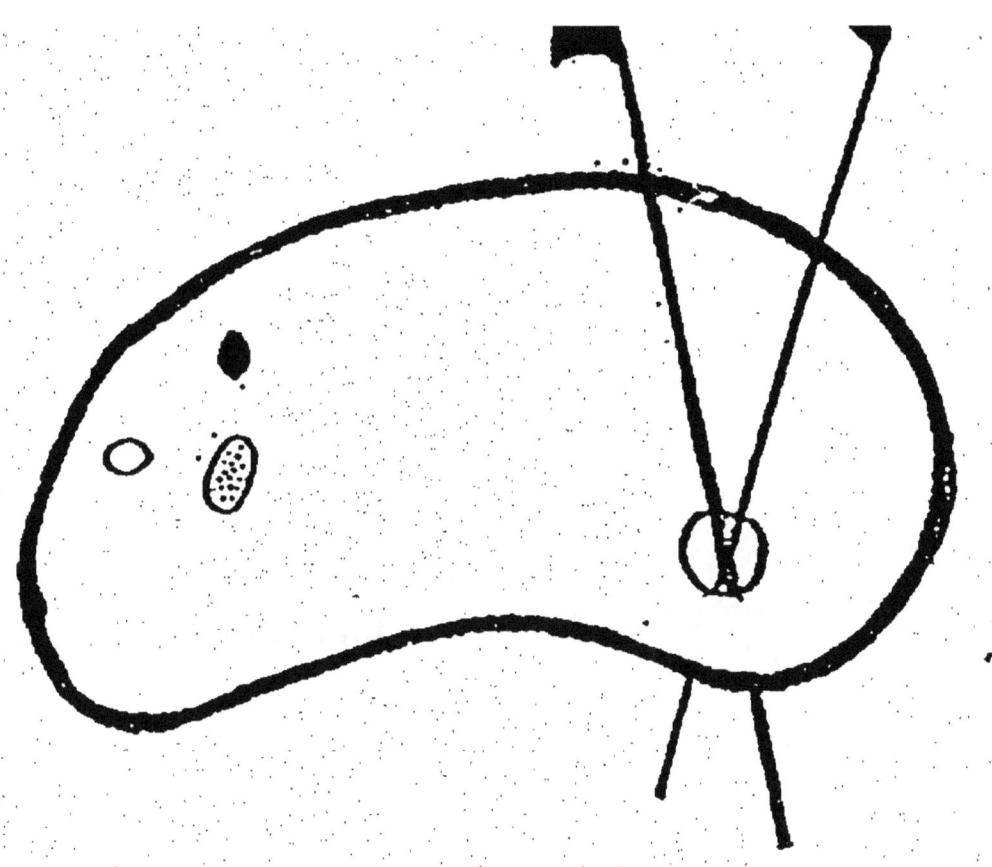

LE GRAND CATÉCHISME DE LA FEMME

Imprimerie de la Bibliothèque Gilon.

Bibliothèque Gilon

—

LE

GRAND CATÉCHISME

DE

LA FEMME

PAR

LOUIS FRANK

Avocat à la Cour de Bruxelles,
Docteur de la Faculté de Droit de Bologne,
Lauréat de l'Ecole de Droit de Paris,
Docteur spécial en Droit public de l'Université de Bruxelles,
Fondateur de la Ligue belge du Droit des Femmes,
Vice-Président de la Fédération Féministe Universelle.

Facta, non verba.

PARIS
Rue de Seine, 33.

VERVIERS
Pont St-Laurent, 21.

1894

> Un livre volumineux et d'un prix élevé doit être comparé à un vaisseau qui ne peut débarquer ses marchandises que dans un grand port. — De petits traités ressemblent à de légers bateaux destinés à pénétrer dans les baies les plus étroites, pour approvisionner toutes les parties d'un pays.

TOUS DROITS RÉSERVÉS

A

MISS MARY A. GREENE

AVOCAT AU BARREAU DE PROVIDENCE

(Rhode-Island, États-Unis)

HOMMAGE DE SYMPATHIE & D'AMITIÉ

Février 1894.

OUVRAGES DU MÊME AUTEUR :

L'Exercice de la profession d'avocat en Italie. Examen des règles. Bruxelles, J.-B. Moens, 1887.
Au pays d'Irnerius. Essai sur les études juridiques et le barreau en Italie, 1888.
Les Tribunaux de commerce, 1888.
La Bienfaisance israélite à Bruxelles. *Revue de Belgique*, avril 1888.
Le Patronage israélite à Bruxelles. *Revue de Belgique*, octobre 1888.
Les Recteurs flamands des Universités de Bologne et l'histoire du collège flamand Jacobs. *Revue de Belgique*, juin 1888.
La Femme-avocat. Bruxelles, Ferdinand Larcier. Bologne. N. Zanichelli, 1888.
Traduction anglaise par M. A. Greene, du barreau de Suffolk (Boston-Massachusetts), éditée par C.-V. Waite et Cie, Chicago.
Le Japon judiciaire. *Journal des Tribunaux*, mars 1889.
La Loi sur l'enseignement supérieur et l'admission des femmes dans les facultés belges. *Revue de Belgique*, novembre 1889.
La crémation des morts. Les objections médico-légales et les principes de la réglementation. Bruxelles, Ferdinand Larcier, 1889.
Mariages Frœbel. *Revue de Belgique*, juin 1890.
Le vote cumulatif ou le suffrage universel proportionnel. *Journal des Tribunaux*, février 1891.
Essai sur la condition politique de la femme. Paris, Arthur Rousseau, 1892. (Ouvrage couronné par la Faculté de Droit de Paris. Concours Rossi, 1891). Vol. de 620 pages. Prix : 9 francs.
L'Épargne de la femme mariée. Proposition de loi. Bruxelles, A. Vromant et Cie, édit. 1892.
La Femme dans les emplois publics. Bruxelles, Rozez, 1893. (Ouvrage présenté à l'Académie des Sciences morales et politiques de France.)
Les femmes et l'enseignement supérieur. *Revue universitaire*, février 1893.
M. W.-E. Gladstone et le féminisme. Gand, Hoste, 1893.

INTRODUCTION

Le temps n'est plus où l'on ne pouvait, sans se ridiculiser, disserter sur les droits de la femme.

La question féminine est une face du grand et complexe problème social qui agite et révolutionne le monde moderne. Dans le renouveau social qui se prépare, l'amélioration de la condition des femmes aura sa place marquée parmi les réparations les plus nécessaires et les plus urgentes. Tout changement de la législation dans la voie de l'égalité des sexes se répercutera sur l'organisme social tout entier et sera profitable aux intérêts des hommes eux-mêmes. Aucune réforme sociale n'atteindra son but, sans un remaniement complet des lois relatives à la condition des femmes (1).

La société contemporaine qui lentement évolue vers la forme d'une démocratie égalitaire, devra fatalement fonder ses assises sur une famille constituée d'après la loi de l'égalité et non plus d'après celle du despotisme. Tandis que tous les préjugés de religion, de caste, de race ont disparu de la législation et des mœurs, comment serait-il admissible que seul le préjugé du sexe restât indéfiniment inscrit dans la loi ?

Jusqu'ici, en maintes contrées, l'homme, avec sa prétentieuse suffisance, a cru conforme à ses intérêts de maintenir l'assujettissement des femmes, comme jadis les anciens ont, à tort, jugé nécessaire au salut de la société, de proclamer l'esclavage une institution naturelle, et le travail, une occupation servile. Après avoir institué la loi de la servitude comme régime du mariage, l'homme a établi une ligne de démarcation entre les occupations qu'il prétend propres à chaque sexe. Dans ce partage, il a pris soin de s'octroyer une part léonine, se réservant le pouvoir, l'autorité, l'intégralité des droits, les emplois, les faveurs, les distinctions, les privilèges,

---

(1) Les socialistes de tous les pays et de toutes les écoles poursuivent avec la plus énergique ténacité la reconnaissance de l'égalité des sexes. L'émancipation de la femme fait partie intégrante de leurs réclamations sociales et politiques, et figure en tête de leurs programmes. Voyez notamment le manifeste des dames internationalistes de la Romagne et de Naples (6 mai 1877); manifeste des internationalistes de la Pouille (août 1878); XVI⁰ congrès national ouvrier italien (juin 1886); congrès ouvrier socialiste de Marseille (1879); congrès ouvrier collectiviste de Paris (juillet 1880); congrès ouvrier socialiste du Havre (1880); programme du parti ouvrier belge, article 4 des statuts; congrès international ouvrier socialiste de Bruxelles (août 1891); congrès d'Erfurt (octobre 1891); congrès international des étudiants socialistes de Bruxelles (décembre 1891); congrès ouvrier belge de Namur (mai 1892); congrès socialiste de Vienne (juin 1892); congrès socialiste de Tours (septembre 1892); congrès socialiste de Gand (avril 1893); congrès international de Zurich (août 1893); déclaration de principes du parti ouvrier belge (décembre 1893)

les sinécures. Pour la femme, l'humble soumission, l'obéissance servile, l'humiliation d'une minorité perpétuelle. Puis, joignant l'ironie à la lâcheté, l'homme a cherché à cacher les excès de sa tyrannie, les abus de la force brutale sous le couvert hypocrite d'une pseudo-protection accordée au « sexe faible ». Enfin, satisfait dans sa vanité, l'homme en est arrivé à considérer comme conforme à la nature et à la raison, un ensemble d'institutions qui sont son œuvre, œuvre souverainement arbitraire et factice.

Comment donc pourrait-elle être rationnelle, cette prétention téméraire de l'homme, de vouloir diviser en deux l'unité humaine ; de créer deux natures, deux âmes, deux cerveaux humains ? Cette prétention qui blesse la nature, viole l'équité, offense la raison, paraîtra à nos descendants non moins absurde ni moins vaine que la prétention émise jadis par le pape, de partager le monde entre les Espagnols et les Portugais. D'ailleurs, si le bon sens ne suffisait pas à percevoir l'inanité de semblable prétention, un fait à lui seul en établirait la preuve ; c'est que cette ligne de démarcation, prétendûment naturelle, établie entre les droits, les occupations, les attributions de chaque sexe, loin d'être immuable et éternelle, s'est sans cesse modifiée. Sous la pression des circonstances, malgré ses préventions et ses répugnances, l'homme s'est vu contraint de concéder aux femmes des droits chaque jour plus étendus. Peu à peu, les anciennes barrières qui s'opposaient à la libre expansion de l'activité féminine, se sont abaissées pour disparaître et le sexe féminin, après avoir arraché à l'homme des droits un à un, est aujourd'hui en voie de conquérir l'égalité complète. La servitude de la femme s'est tempérée ; l'antique tutelle perpétuelle du sexe a pris fin, et si, chez certains peuples retardataires, la subordination de la femme mariée s'est maintenue, les nations anglo-saxonnes et slave, à qui est réservée l'hégémonie du monde, ces races-là, les plus puissantes et les plus vigoureuses, n'ont pas craint d'effacer de leurs lois les derniers vestiges de l'autorité maritale.

Les revendications que formulent les féministes, ont un triple objet :

Abolir la puissance maritale et fonder le droit de famille sur le principe de l'égalité entre les époux ; concéder aux femmes le droit de faire un usage honnête de leurs facultés et rendre accessibles à tous, sans aucune distinction de sexe, les métiers, les emplois, les professions libérales, les carrières industrielles et autres ; enfin, reconnaître aux femmes une part d'intervention dans la gestion et le règlement des intérêts publics.

La justice, l'utilité générale, la raison commandent à l'homme de faire droit à ces réclamations.

L'autorité maritale n'est pas une institution naturelle ou librement consentie entre les hommes, établie de propos délibéré, après mûre réflexion, en vue de permettre à chacun des sexes de remplir sa mission spéciale, au plus grand avantage de tous. Elle est le produit d'une réaction brutale. Résultante d'un ordre de choses dont le souvenir même s'est presqu'éteint dans les traditions de l'histoire, la puissance maritale est une institution barbare qui ne se conçoit plus dans une période de civilisation. Vestige d'un passé à jamais disparu, elle ne peut manquer de disparaître à son tour.

L'étude des origines de la civilisation nous permet de constater combien modestes furent les débuts de la race humaine. Aux âges primitifs des peuples, a régné la plus étrange confusion dans les relations des sexes ; une promiscuité informe où les hommes d'un même groupe ont possédé en commun les femmes de la tribu. Puis, les groupes se sont scindés. Quand, sous l'empire de circonstances et de besoins nouveaux, le fractionnement des tribus amena la création de clans, l'instinct d'appropriation individuelle se fit jour, succédant au collectivisme primordial. Une civilisation rudimentaire prit naissance; la conception primitive de la famille se forma. Entre les hommes s'établirent les premières relations de parenté, basées sur la filiation maternelle, c'est-à-dire sur le fait certain, palpable, tangible de la naissance, de la maternité. De la promiscuité originelle, émergea la famille utérine, se perpétuant par la femme et qui semble n'être qu'une prolongation indéfinie du cordon ombilical. Le trait distinctif de cette famille, c'est d'être sans père. Le mari ou plutôt le mâle y est réduit au rôle de reproducteur. La femme n'y est pas cependant dépourvue de toute espèce d'appui, car elle trouve dans ses oncles et ses frères, des protecteurs naturels chargés de la défendre. Ces parents maternels occupent dans la famille utérine la place qui appartient au père dans la famille patriarcale.

Les traces de la famille utérine se retrouvent chez tous les peuples dans les stades inférieurs de l'évolution humaine, au sein des peuplades aryennes comme à l'origine de toutes les autres races. L'ancienne Égypte, au temps de sa splendeur, a ignoré notre régime de paternité, et, durant des siècles, la parenté par les femmes fut l'unique loi régissant les populations de la vallée du Nil. Les Crétois n'ont jamais connu que le principe de la maternité, et, pour eux, la matrie a remplacé ce que nous sommes convenus d'appeler la patrie. Dans l'antiquité, la famille utérine a laissé des traces fort perceptibles chez les Phéniciens, les Sémites, les Lyciens, les Étrusques, les Hellènes, les Spartiates, les Doriens.

La filiation par les femmes constitue, de notre temps encore, pour de nombreux peuples, la loi de l'organisation familiale. La parenté utérine existe chez les Naïrs du Malabar, depuis le cap Comorin jusqu'à Mangalore; dans les îles du Pacifique, aux îles Mariannes, Tonga, Fidji et Carolines; chez les populations autochtones de la Nouvelle-Zélande comme chez les aborigènes du continent américain; chez les Peaux-Rouges, les Singhalais de Ceylan, les Malais de Sumatra, les Hovas malgaches et d'innombrables peuplades de l'Inde. On la retrouve sur toute la côte de Guinée, au Sénégal, au Loango, au Congo, au Soudan, dans l'ancienne Nubie, sur les rives du Zambèze et chez les vaillantes tribus Touaregs de l'Atlas, derniers débris de la grande race berbère.

Le passage de la famille utérine à la famille agnatique ne s'est pas effectué chez tous les peuples d'une manière identique. Chez les uns, la transition a provoqué des luttes violentes et des conflits sanglants, comme on peut d'ailleurs l'observer aujourd'hui même chez les Maories de la Nouvelle-Zélande, où la filiation agnatique remplace peu à peu la famille utérine. Ailleurs, la transition s'est accomplie sans trouble et sans secousse, par la voie d'une évolution lente et pacifique; c'est ainsi, par exemple, que, dans l'ancienne Égypte, un simple décret royal, le prostagma de Philopator, a suffi pour opérer, sous l'influence des idées grecques, cette transformation du droit de famille.

La lutte entre la famille utérine et la famille agnatique n'a pu se produire que le jour où l'intelligence de l'homme a atteint un degré de perfectionnement suffisant pour créer la fiction de la paternité. Quand, au sortir de la barbarie des premiers âges, l'homme s'est senti assez puissant pour réagir contre le pouvoir des parents de la femme, il a cherché à s'attribuer la propriété absolue et exclusive d'une femme et de ses enfants. Ce jour-là seulement, est née la famille agnatique. Pour maintenir son autorité despotique sur la femme et soustraire son pouvoir aux compétitions des autres membres de la tribu ainsi qu'aux rivalités des parents utérins, l'homme s'est trouvé dans la nécessité d'assujettir la femme; et, suivant le mot du vieux Caton, de « mettre un frein à cette nature tyrannique et à cet animal indompté, en inventant un système de lois destinées à enchaîner, à comprimer la liberté des femmes, afin de les courber sous son pouvoir. »

L'autorité maritale s'imposa avec d'autant plus de facilité que la femme, en raison de son infériorité musculaire, se trouva sans défense contre les violences de l'homme, et dans l'impossibilité de résister aux abus de la force ou de s'insurger contre la tyrannie du mâle. Ce qui n'était au début qu'un fait brutal devint plus tard un droit légal, protégé par les influences sociales et religieuses que l'homme parvint à discipliner et à mettre à son service. La puissance maritale a pu se justifier, en tant qu'effet d'une réaction contre la famille utérine; ce pouvoir a même pu s'expliquer aussi longtemps que le mariage est demeuré un rapt ou un marché : dans cette seconde période, on peut concevoir que l'homme, à peine policé, se soit arrogé sur sa femme les droits du maître, du seigneur, du propriétaire. Mais aujourd'hui que le mariage a cessé d'être un larcin ou un achat, pour devenir un contrat librement consenti entre deux êtres égaux et indépendants, l'autorité maritale, produit de la force et de la violence, ne se conçoit plus, n'a plus de raison d'être.

Si la justice exige la disparition de ce vestige d'un état social rudimentaire, rappelant à l'homme la bestialité de ses origines, serait-il cependant quelque raison d'utilité générale, de nature à justifier le maintien de cette institution ? Est-il vrai que le jour où les femmes acquerraient la liberté, elles cesseraient de vouloir remplir leur rôle de mère et chercheraient à s'affranchir des devoirs et des soins de la maternité? Qu'ainsi l'abolition de l'autorité maritale aurait pour conséquence de désorganiser la famille?

Qu'on se rassure ! L'émancipation féminine aura, au contraire, pour effet de rendre nos compagnes meilleures, en leur imposant le souci de l'honneur et la pleine conscience de leurs devoirs. Tant que se maintiendra l'état de vasselage sous lequel la légalité la courbe, la femme demeurera abaissée dans une sorte de dégradation morale. L'esclavage fut toujours malfaisant : partout et de tout temps, il a déprimé la moralité de l'homme, amoindri ses facultés, borné les horizons de son intelligence, restreint l'étendue de ses devoirs ; tandis que la liberté purifie les mœurs, fortifie les caractères, stimule les facultés, grandit l'homme. De même, dans la famille, la liberté améliorera la femme ; car, ainsi que le reconnaissait il y a plusieurs siècles Sénèque, une des gloires de l'humanité, c'est l'esclavage seul qui est la cause et la source de toute corruption : *Impudicitia... in servo necessitas.* Affranchir la femme, sera donc moraliser la famille.

D'ailleurs, les nations anglo-saxonnes et slave ont aboli la puissance maritale et n'ont eu qu'à se féliciter de cette réforme. Les résultats favorables de l'expérience réalisée par ces peuples, démontrent que la nécessité de l'autorité maritale n'est pas soutenable. Bien plus, la subordination de la femme dans le mariage présente plus de dangers que d'utilité, attendu que c'est chez les peuples où la femme est émancipée que la famille offre les conditions d'existence les plus favorables. C'est là que les mariages sont les plus nombreux ; que l'homme se marie le plus tôt ; que les familles ont le plus grand nombre d'enfants.

L'égalité des sexes au sein de la famille aura une autre conséquence : l'admissibilité des femmes aux emplois, fonctions et occupations qui ont fait jusqu'ici le monopole exclusif du sexe fort.

Aucune raison ne justifie l'exclusion des femmes. Chaque être humain doit avoir le droit de choisir librement ses occupations, suivant ses préférences et sa vocation. En violant ce principe, la tyrannie de l'homme commet une odieuse injustice envers la femme. D'autre part, elle frappe tous ceux qui voudraient ou pourraient tirer parti des services des femmes et restreint ainsi le champ où leur choix peut s'exercer.

Les femmes réclament enfin — et c'est là l'objet de leur troisième revendication, — une part d'intervention dans le règlement des intérêts publics.

Il n'est pas de revendication plus justifiée. Les femmes sont assujetties à des lois qu'elles ne font pas ; elles payent des impôts qu'elles ne votent pas ; elles subissent une justice qu'elles ne rendent pas.

L'exercice du monopole législatif réservé aux hommes n'a guère produit de si brillants résultats qu'il soit à tout jamais interdit de rechercher quelque régime meilleur.

Certes, si le maintien du despotisme politique de l'homme ne nous paraît nullement désirable, nous ne sommes pas davantage tentés de souhaiter l'établissement d'un régime qui soit le contre-pied du système actuel. Chercher à remplacer l'autocratie de l'homme par l'omnipotence féminine, serait une erreur ou une folie, et vraiment, il faudrait plaindre le pays dont les destinées seraient abandonnées à un gouvernement de jupons.

La gynécocratie des Lyciens, des Cariens, des races syro-araméennes a fait son temps. Et ce n'est pas parce que la souveraineté des femmes constitue aujourd'hui encore la loi de nombreuses peuplades — notamment chez les Peaux-Rouges, les Balondas, les Béni-Amer, les Angolas, les Ashantis, les Touaregs, les peuplades aborigènes d'Australie, — que nous demandons aux nations civilisées de concéder, à leur tour, aux femmes un droit même limité dans la gestion des intérêts publics.

Maintenant que nous avons indiqué le système que nous condamnons, nous serons mieux à même de préciser celui que nous voulons.

Le droit public de nombreuses nations contemporaines repose sur le principe de l'omnipotence absolue de l'homme et du complet effacement de la femme. En politique, la femme n'existe pas : elle a sa personnalité annihilée, ses intérêts lésés, ses droits méconnus. Ce régime ne peut manquer de disparaître, car il est injuste, dangereux et funeste. Il fera place à un système plus équitable et plus rationnel, dans lequel l'homme, tout en conservant la prépondérance, verra sa suprématie mitigée, sagement tempérée par le contrepoids salutaire d'une intervention limitée des femmes.

La transformation politique que nous poursuivons,

serait-elle quelque chimère, une utopie irréalisable, quelque vain souhait?

Mieux que de brillantes dissertations, différents témoignages de l'histoire serviront à prouver le bien fondé des revendications féministes.

Dès la plus haute antiquité, les femmes, chez nombre de peuples, ont possédé une part d'intervention considérable dans le règlement des affaires publiques. Si nous en croyons une légende de la Grèce antique, légende conservée par Varron et transmise par saint Augustin, les femmes, dans l'Athènes primitive, pouvaient prendre part aux délibérations publiques. Ce fut sous le règne de Cécrops, à la suite d'un double miracle, qu'elles furent condamnées à perdre le droit de vote et contraintes de renoncer au titre de citoyennes.

Chez les Spartiates, peuple d'une fière virilité, les femmes ne furent point dépouillées de toute autorité et elles décidèrent dans bien des affaires. Aristote, en rappelant ce fait, ajoute que c'est une disposition particulière aux races énergiques et guerrières qui se laissent dominer par les femmes. Les Celtes ne faisaient aucune distinction de sexe dans les commandements, et, chez eux, les femmes conservèrent bien longtemps une influence considérable. Quant aux Germains, qui n'ont jamais passé pour des efféminés, ils estimaient qu'il y avait dans l'âme des femmes quelque chose de divin et de providentiel; aussi, avaient-ils toujours soin de consulter leurs femmes et de ne point dédaigner leurs avis et leurs conseils. Les Gaulois n'agissaient pas autrement. Chez eux, les femmes prenaient part aux assemblées du peuple, et, malgré cette intervention dans les affaires publiques, elles étaient, au dire de Strabon, d'une fécondité remarquable en même temps qu'excellentes nourrices.

Sans devoir même recourir à des souvenirs aussi lointains, des documents historiques plus récents montrent que, dans le domaine politique, les femmes ont de tout temps exercé une part d'intervention directe.

A l'époque de la chevalerie, l'homme n'a pas commis l'injustice de refuser à sa compagne le bénéfice de la plus parfaite égalité. Sous le régime féodal, nous voyons la femme faire la guerre, rendre la justice, lever les impôts, octroyer les chartes, exercer la plénitude de la souveraineté. C'est à cette époque qu'en France comme en Angleterre, les femmes ont pu siéger dans les conseils du Roy, en qualité de pairs. De même, à l'origine du système représentatif et durant plusieurs siècles consécutifs, le rôle de la femme, en matière politique et administrative, fut bien loin d'être effacé. Dès le XIVe siècle, la femme, au même titre que l'homme, dans chacun des trois Ordres, prend part à l'élection des députés aux États. On vit même des femmes siéger aux États, notamment Mme de Sévigné aux États de Bretagne. De même, en Angleterre et dans les premières colonies de l'Amérique du Nord, la femme a participé à la nomination des membres du Parlement.

En matière administrative, plusieurs parties de la France, le Béarn, le Bigorre, la Bourgogne, l'Alsace, la Lorraine, le Verdunois, le Barrois, la Champagne ; certaines provinces de Belgique, la principauté de Liège, le Brabant, le duché de Bouillon, certaines régions de l'ancien duché de Luxembourg ; en Italie, la Toscane, le Lombardo-Vénitien et Naples, ont reconnu jadis aux femmes le droit de participer soit à la discussion des intérêts municipaux, soit à la nomination des maires.

L'intervention des femmes en matière politique constitue donc une véritable tradition que de nombreux peuples renouent en ce moment.

Déjà aujourd'hui, le suffrage parlementaire appartient aux femmes dans le Wyoming, dans la république de l'Équateur, en Autriche, dans l'île de Man, à la Nouvelle-Zélande, dans l'État de Colorado (1).

Les faits contemporains montrent les femmes en possession du suffrage administratif en Angleterre, en Écosse, au Cap de Bonne-Espérance, dans les sept colonies australiennes, dans les sept provinces du Dominion canadien; dans trois pays scandinaves; dans les quinze provinces de la Cisleithanie, en Hongrie, en Croatie; en Russie; dans les communes rurales des provinces orientales de la Prusse; dans les communes rurales de la Westphalie, du Schleswig-Holstein, du Brunswick et de la Saxe; au Wyoming, au Kansas, dans le Michigan; enfin, pour les questions d'assistance et d'enseignement dans une infinité de pays.

Voilà donc cette chimère métamorphosée en une effective réalité; voilà ce paradoxe devenu aujourd'hui une vérité évidente.

Les conquêtes du présent permettent de pressentir les victoires de demain. Si la servitude fut, dans le

---

(1) Au Parlement anglais, depuis 1867, chaque année est présentée une motion en faveur du suffrage parlementaire des femmes. Lors du dernier vote, à la séance du 27 avril 1892, cette motion n'a échoué qu'à 23 voix de minorité (152 pour; 175 contre).

De même, au Storthing norvégien, la proposition d'étendre aux femmes l'électorat politique n'a été rejetée, à la séance du 28 juin 1893, que par 58 voix contre 56.

Dans les États du Colorado et du Kansas, les Parlements viennent de voter un bill conférant aux femmes l'égalité politique complète. Un amendement à la Constitution en ce sens, soumis au referendum des électeurs du Colorado, le 7 novembre 1893, a donné aux féministes une majorité de 7000 voix. Dans l'État de Kansas, les électeurs auront à statuer sur cet amendement constitutionnel, en novembre 1894.

passé, la loi de la condition des femmes, chez les peuples civilisés, l'égalité des sexes est appelée à devenir la loi nécessaire et fatale du siècle prochain ; et la démocratie de l'avenir, poursuivant son œuvre de justice, aura pour devoir urgent d'effacer jusqu'aux derniers vestiges de l'aristocratie de sexe.

Pour le moment, les femmes de nos contrées aspirent à une situation identique à celle dont jouissent leurs sœurs de Russie et des pays anglo-saxons. Si les hommes d'ici en arrivaient à trouver cette réclamation exagérée et à juger nos femmes incapables de droits et indignes de la liberté, grandement ils auraient tort. Semblable jugement ne ferait honneur ni à leur clairvoyance ni à leur caractère. Ils perdraient de vue que la valeur et la moralité des sexes sont identiques et corrélatives et, en affectant ainsi de mépriser leurs femmes, ils se diminueraient eux-mêmes.

Il ne suffit plus aujourd'hui, pour nos adversaires, de nier les progrès accomplis ; de s'armer de railleries commodes et faciles pour dissimuler leur indigence d'esprit et leur disette d'arguments. Il importe que le législateur contemporain recherche des enseignements et les règles de sa conduite dans l'expérience des nations modernes, et non dans les lois inertes de peuples éteints. La tendance des nations vigoureuses est de s'affranchir des préjugés surannés, fussent-ils séculaires ; d'extirper les institutions inutiles qui seraient un embarras, une entrave, un fardeau. Soyons enfin de notre époque ; sachons vivre de la vie des vivants et non plus du souvenir des morts. Qu'elle repose en paix dans le silence de l'oubli, cette loi romaine décrépite qu'on essaye sans cesse de restaurer pour l'opposer, mais en vain, aux légitimes revendications féministes !

Le droit des femmes est un problème qu'il faut étudier par les faits, discuter par des arguments, résoudre d'une manière scientifique, et non écarter par des fadaises et le néant.

Les femmes qui travaillent, qui luttent, qui peinent, qui ignorent les délices ou les ennuis de l'existence inactive et moelleuse des salons dorés; qui n'ont pas le loisir d'écouler leur temps à recevoir les hommages intéressés de l'homme; ces femmes-là n'ont que faire de la banalité saugrenue de nos compliments. Elles demandent autre chose que nos vains hommages et nos ineptes flagorneries; elles ont besoin de droits et peuvent se passer de l'hypocrisie de notre protection. A juste titre, elles réclament un peu moins de faveurs et un peu plus de justice.

Vingt-cinq années à peine se sont écoulées depuis le jour où John-Stuart Mill a fait entendre sa parole éloquente et vengeresse. Ce quart de siècle a suffi pour rendre partout l'émancipation des femmes, probable, certaine, et pour amener même, en maintes contrées, la réalisation de cette idée. Un succès aussi rapide ne peut surprendre, si l'on se persuade qu'il n'est pas de cause plus généreuse que celle du droit des femmes. Il s'agit, en somme, de restituer à la moitié des êtres humains les droits et les libertés dont l'égoïsme du mâle les a odieusement spoliés; de substituer au régime déprimant de la force, le règne vivifiant du droit; de renverser notre législation actuelle, législation bottée et éperonnée, et de la remplacer par des lois mieux appropriées aux tendances et aux besoins de notre époque, plus adéquates à l'esprit démocratique et égalitaire qui, à l'heure présente, transforme les institutions de tous les peuples.

Contribuer à mettre fin à l'assujettissement des femmes, est un devoir pour tout homme vraiment digne de ce nom. Par quelle aberration morale, des hommes probes et justes peuvent-ils, sans rougir, admettre que la femme soit réduite au rôle dégradant d'esclave, d'odalisque ou de servante? Oui, on se le demande avec douleur, comment, sans s'indigner et sans protester, d'honnêtes gens tolèrent-ils plus longtemps que la femme, c'est-à-dire la mère, la sœur, l'épouse, soit, de par la loi, assimilée aux individus sans discernement, aux individus sans honneur, aux individus sans raison? Que dis-je! La femme est moins encore que le gredin, moins que l'enfant, moins que l'aliéné; car le fripon redevient citoyen à l'expiration de sa peine; le mineur est capable le jour de sa majorité; l'aliéné, en recouvrant la raison, est restitué dans ses droits, tandis que la femme, quels que soient son intelligence, sa sagesse, ses mérites, ses vertus, toujours elle subit la flétrissure de sa naissance et voit son front marqué du stigmate indélébile attaché à ses origines; toujours, elle demeure la condamnée, la proscrite, l'éternelle mineure, la perpétuelle déchue.

Dire que l'amélioration de la condition des femmes s'impose, c'est là presque une vérité banale. Cette réforme est la plus juste, la plus utile, la plus urgente de toutes celles poursuivies en ce siècle de progrès audacieux.

Envisagez l'état présent de l'Europe et du monde. Considérez les nations qui progressent; considérez celles qui déclinent. Chez les premières, où la prospérité se constate, les femmes occupent une situation juridique supérieure; chez les autres, qui lentement s'éteignent et perdent et leur influence et leur rang, la femme est frappée d'une humiliante infériorité; en sorte qu'il est permis d'affirmer que, de la condition des femmes, dépend le rang de chaque peuple dans la hiérarchie des nations.

Pour les peuples qui entendent vivre, progresser et non déchoir, la reconnaissance des droits de la femme est la plus nécessaire des réformes. En concédant aux femmes une place plus considérable au foyer et dans la vie publique, l'homme y trouvera son intérêt ; la famille, un élément de force nouvelle ; l'État, une source de prospérité féconde.

La question féminine qui préoccupe aujourd'hui l'opinion, s'impose aux méditations des penseurs et des hommes d'État, s'il est vrai, comme le proclama Sénèque, que la condition des femmes est, pour un État, la cause de son salut ou de sa perte : *Mulier reipublicæ damnum est aut salus.*

PREMIÈRE LEÇON.

De la Femme.

DEMANDE. *Qu'est-ce que la femme ?*
RÉPONSE. Pour les féministes, la femme est, au même titre que l'homme, un être humain, conscient et libre.

D. *N'y a-t-il pas cependant des différences entre l'homme et la femme ?*
R. Parfaitement, il existe entre eux une différence fondamentale, c'est que l'homme engendre et que la femme enfante.

D. *Si l'homme et la femme sont des êtres différents, peut-on leur accorder des droits égaux ?*
R. Sans nul doute, car les différences sexuelles n'établissent en aucune façon l'infériorité de la femme et ne peuvent en tout cas justifier l'autocratie masculine.

D. *Pourriez-vous le prouver ?*
R. Rien n'est plus simple, attendu que les observations anatomiques et physiologiques tournent à la confusion de l'orgueil masculin.

D. *Comment cela?*

R. En effet, les fonctions de reproduction et de nutrition sont plus développées chez la femme que chez l'homme.

En ce qui concerne l'acte primordial de la génération, la femme est l'égale de l'homme. Le germe femelle n'a rien à envier en dignité et en importance au germe mâle : c'est une vérité définitivement mise en lumière par la science moderne. Aussitôt après la fécondation, l'embryon se développe dans l'organisme maternel aux dépens duquel il vit, comme un parasite, durant toute la gestation et même pendant dix à vingt mois après la naissance. Dans son ensemble, la fonction de reproduction est donc plus développée chez la femme que chez l'homme.

Il en est de même quant aux organes de la nutrition. Cela se conçoit aisément, si l'on songe que la femme est destinée à nourrir l'enfant : elle doit respirer, manger et digérer pour elle et pour lui, et, plus tard, elle doit l'allaiter. La supériorité des fonctions de nutrition chez la femme est un corollaire de sa supériorité génitrice (1).

D. *Alors, d'après vous, c'est l'homme qui serait le sexe faible?*

R. Non pas. C'est, au contraire, à très juste titre, que dans l'espèce humaine le sexe féminin est appelé le sexe faible.

D. *Pourquoi le sexe féminin est-il le sexe faible?*

R. Parce que les organes de la force et du mouvement sont moins développés quantitativement chez la femme que chez l'homme.

---

(1) Ces points ont été lumineusement établis par le D' L. MANOUVRIER, le savant professeur de l'École d'Anthropologie de Paris, dans ses *Indications anatomiques et physiologiques relatives aux attributions naturelles de la femme.* **Paris, 1889.**

D. *Eh bien ! si l'homme est le plus fort, n'a-t-il pas droit au commandement?*

R. Erreur ! Pour justifier sa prééminence sociale, l'homme devrait démontrer sa supériorité sous le rapport des organes et des fonctions de l'intelligence; car c'est par ces organes que l'espèce humaine s'élève au-dessus de toutes les autres espèces animales. Or, la femme n'est pas inférieure à l'homme au point de vue de l'intelligence.

D. *Que faites-vous des lois physiologiques auxquelles la femme est soumise?*

R. Ces lois, je les respecte. Je dis seulement que la femme n'est pas une malade, car aucun état physiologique n'est un état morbide.

D. *Ne convient-il pas de tenir compte des différences naturelles existant entre l'homme et la femme?*

R. Oui, il faut en tenir compte. Si la femme est la plus faible, il faut la protéger et non la sacrifier ou l'exploiter. L'homme devrait chercher à atténuer, à corriger les inégalités de la nature et non les aggraver à son profit.

D. *Les différences sexuelles n'établissent-elles pas qu'il faut assigner aux hommes et aux femmes des fonctions différentes?*

R. Nullement. Dans la nature, nous voyons les femelles des chiens veiller comme eux à la garde des troupeaux, aller à la chasse comme eux, faire tout en commun et non pas se tenir au logis, comme si la nécessité de faire des petits ou de les nourrir les rendait impropres à toute autre fonction.

D. *En doit-il être de même dans le règne humain?*

R. Sans aucun doute. Nous disons que la femme n'est pas destinée exclusivement à faire et à élever des enfants, pas plus que l'homme n'est exclusivement créé pour s'enorgueillir de ses biceps et pour travailler de ses bras.

D. *Vous entendez supprimer les différences sexuelles?*

R. Aucunement. Nous affirmons que si l'homme et la femme présentent des dissemblances résultant de la différence d'organisme des sexes, ils ont une qualité commune prédominante, c'est qu'ils sont des êtres humains, égaux au point de vue physique, intellectuel, moral et social.

D. *Égaux au point de vue physique, dites-vous?*

R. Parfaitement. L'égalité physique des sexes résulte de l'unité du genre humain. Il n'y a qu'un seul genre humain.

D. *Égaux au point de vue intellectuel et moral?*

R. Oui; parce que la femme possède comme l'homme un cœur, un cerveau, une intelligence. Elle est douée des facultés générales de l'esprit; elle possède la raison, la mémoire, l'entendement, le sentiment, la conscience, la volonté, la faculté de se perfectionner.

D. *Égaux au point de vue social?*

R. Oui; parce que la femme fait partie intégrante de l'humanité. Le droit naturel lui reconnaît la qualité d'homme (homo) et les attributs inhérents à la personnalité humaine.

D. *Alors, vous voulez faire de la femme un homme?*

R. Nullement. Ce serait chose abominable, impossible, contraire à la nature et au bon sens. Nous disons simplement que les droits humains doivent appartenir à la femme aussi bien qu'à l'homme.

D. *N'établissez-vous pas ainsi entre les sexes une identité qui blesse la nature?*

R. Sans doute, au point de vue sexuel, l'homme et la femme remplissent une fonction et un rôle différents. Mais, dans la société, tous les citoyens, les tailleurs, les cordonniers, les bouchers, les avocats, les médecins n'accomplissent pas la même fonction. Tous ces citoyens sont cependant égaux. De même, nous n'hésitons pas à affirmer l'égalité complète entre l'homme et la femme.

D. *Comment des êtres dissemblables peuvent-ils être égaux?*

R. L'homme et la femme, affirmons-nous, sont égaux en tant qu'êtres humains. Nous ajoutons que les deux sexes sont « équivalents »; nous ne disons pas « identiques ». Pour les féministes, l'homme vaut la femme, comme la femme vaut l'homme. L'un et l'autre sont des êtres complémentaires, indispensables l'un à l'autre.

D. *Alors, en quoi consiste l'égalité des sexes?*

R. L'égalité des sexes consiste non dans l'identité des fonctions naturelles et sociales de l'homme et de la femme, mais dans l'équivalence de ces fonctions.

SECONDE LEÇON.

L'Intelligence de la Femme.

D. *Au point de vue de l'intelligence, l'homme n'est-il point supérieur à la femme?*

R. Aucunement.

D. *Cependant, ne voyons-nous pas, dans la plupart des carrières, les femmes rester en arrière des hommes?*

R. Cela tient à ce que jusqu'ici un très petit nombre de femmes se sont essayées dans la science, l'art, la littérature ou les carrières libérales. Très peu de femmes ont le temps de s'y livrer sérieusement. L'expérience réalisée jusqu'ici est trop récente et trop restreinte pour être concluante.

D. *Il vous serait impossible de signaler, dans l'histoire de l'humanité, une seule femme qui, par la puissance créatrice du génie, soit comparable à Platon, à Descartes, à Newton?*

R. Dites-moi donc combien, parmi les hommes, se rencontrent de Platon, de Descartes, de Newton ! Les génies constituent dans le monde une quantité si infinitésimale qu'on peut la négliger. De plus, les génies s'élèvent au-dessus de la moyenne des hommes non moins qu'au-dessus de la moyenne des femmes.

D. *Soit, laissons là les génies. Il est établi que le cerveau de l'homme est plus pesant que le cerveau de la femme. N'en peut-on pas conclure que l'homme est plus intelligent que la femme?*

R. Je vous réponds qu'il est non moins bien établi que le cerveau de l'éléphant est plus pesant que le cerveau de l'homme. En conclurez-vous que l'éléphant est plus intelligent que l'homme....

D. *Que signifie alors la différence de poids entre le cerveau de l'homme et celui de la femme?*

R. Cette différence signifie peu de chose.

D. *Comment cela?*

R. Admettons que la capacité du crâne soit plus grande chez l'homme que chez la femme; que l'encéphale de l'homme pèse en moyenne 1.350 grammes et celui de la femme une moyenne de 1.250 grammes. Il est reconnu que les variations que présente l'encéphale, sont plus considérables entre les individus qu'entre les sexes. Beaucoup de femmes ont une masse encéphalique supérieure à celle de beaucoup d'hommes. Et, en fait, un très grand nombre de femmes sont plus intelligentes qu'une foule d'hommes. La proportionnalité du poids du cerveau par rapport au poids et aux dimensions du corps, est seule intéressante. La femme est à l'homme ce que les hommes de faible stature sont aux hommes de forte taille. A intelligence égale, il serait inexplicable que les deux sexes fussent égaux par le poids cérébral.

D. *Les variations que présente l'encéphale entre les hommes, sont-elles parfois considérables ?*

R. Je ne citerai que deux exemples.

L'encéphale de Byron pesait 1.807 grammes; celui de Dante pesait 1.320 grammes; soit une différence de 487 grammes. L'encéphale de Cromwell pesait 2.210 grammes; celui de Gambetta 1.241 grammes; soit une différence de 969 grammes. Conclurez-vous de ces différences que le Dante et Gambetta étaient des imbéciles? Évidemment non.

Vous reconnaissez que Gambetta était un homme supérieur, bien que son encéphale ne pesât que 1.241 grammes. Eh bien ! de quel droit déclarez-vous que toutes les femmes dont l'encéphale pèse en moyenne 1.250 grammes, soient inférieures à l'homme?

D. *Comment cependant expliquez-vous l'infériorité intellectuelle très réelle qui se manifeste chez nos femmes, spécialement parmi les bourgeoises et les femmes de ce que l'on appelle la « haute société »?*

R. Dans les classes supérieures, spécialement dans la classe des professions dites libérales, existent entre les sexes des différences intellectuelles et psychologiques notables. Parce que, là, on rencontre des hommes instruits, ayant passé vingt ans de leur vie au collège, puis à l'université; des intelligences que l'éducation a dressées, disciplinées et ouvertes; tandis que les intelligences féminines restent incultes ou sont mal cultivées, mal dirigées; les femmes demeurent ignorantes ou sont instruites de futilités ou de bagatelles. Dans ces classes de la société, les différences intellectuelles sont non pas le fait de la nature, mais le résultat de l'éducation.

D. *N'en est-il pas de même dans les autres classes de la société?*

R. Non. Dans la masse du peuple, parmi les paysans et les ouvriers, on ne trouve aucune différence appréciable entre l'intelligence, de l'homme et celle de la femme.

D. *Vous affirmez donc que la femme n'est pas inférieure à l'homme?*

R. Parfaitement. Nous affirmons que la moyenne de l'intelligence chez la femme, n'est pas inférieure à la moyenne de l'intelligence, chez l'homme.

D. *C'est là une hypothèse?*

R. Pardon, des faits plus puissants que toutes les théories et que toutes les hypothèses, corroborent notre affirmation.

D. *Citez quelques-uns de ces faits!*

R. En France, on a institué, en 1872, le certificat d'études primaires. A la fin des études, filles et garçons concourent pour l'obtention du certificat; les programmes et les examens sont identiques. Chaque année, depuis 1875, les filles ont eu la supériorité.

D. *Soit, voilà un fait. En est-il d'autres?*

R. Oui. Aux États-Unis, dans les examens d'admission aux services fédéraux, les candidats féminins l'emportent. Sur 100 candidats masculins, 60 passent l'examen; 40 échouent. Sur 100 candidats féminins, 81 passent; 19 échouent.

D. *Ce sont là deux faits. En connaissez-vous d'autres?*

R. Les jeunes filles qui suivent les cours des universités, obtiennent dans tous les pays de très brillants succès. Et nous voyons des milliers et des milliers de femmes diriger, mieux que les hommes, d'importantes maisons de commerce.

D. *Qu'est-ce que tout cela prouve?*

R. Tout cela prouve que, au point de vue de l'intelligence, la femme n'est nullement inférieure à l'homme.

TROISIÈME LEÇON.

De la Mission de la Femme.

D. *Quelle est la mission de la femme?*

R. La femme a pour mission **principale** de se marier, d'être la compagne de l'homme, d'élever ses enfants, d'en faire des citoyens utiles.

D. *Pourquoi dites-vous que c'est la mission principale de la femme?*

R. Je dis à dessein que l'éducation des enfants est pour la femme sa mission **principale** et non sa mission **exclusive**; car, dans la vie, une quantité innombrable de femmes s'occupent d'autres travaux que de ceux du ménage.

D. *Mais en s'occupant d'autre chose que des soins domestiques, les femmes ne risquent-elles pas de négliger l'entretien de leur ménage?*

R. Non, car les soins du ménage ne doivent pas absorber toute l'activité de la femme mariée. D'ailleurs, les hommes eux-mêmes, à côté de leurs fonctions ou de l'exercice de leur métier ou profession, ont, pour la plupart, une occupation accessoire.

D. *Pourtant, la place de la femme est au foyer?*

R. Que les mondaines répondent! Une occupation sérieuse détournerait moins les femmes de leurs fonctions domestiques que les goûts futiles auxquels l'oisiveté et la mauvaise éducation les condamnent.

D. *Quand la femme pourra-t-elle le mieux remplir sa mission?*

R. Le jour où elle sera instruite.

D. *Pourquoi cela?*

R. Parce que, alors seulement, elle deviendra la compagne véritable de son mari; alors seulement, il y aura communauté d'idées entre les époux; la femme comprendra son mari et l'assistera dans la direction de la famille.

D. *Est-il nécessaire que la femme soit instruite pour qu'elle puisse bien élever ses enfants?*

R. Une femme ignorante ou désœuvrée ne peut inculquer à ses fils le goût du travail et l'amour de l'étude. Une femme inférieure ne peut faire de ses enfants des hommes supérieurs. Il est absolument impossible que, en demeurant un être de luxe, la femme forme des citoyens utiles.

D. *N'y a-t-il pas d'autres considérations qui plaident en faveur de l'instruction de la femme?*

R. Oui, la femme doit recevoir une instruction égale à celle de l'homme. Si le deuil prive la femme de l'assistance de son mari, veuve, elle devra assumer les charges de la succession. Seule, elle sera appelée à diriger le foyer. Il faut donc mettre la femme à même de suppléer le mari; de comprendre les intérêts de la famille, et de veiller à l'éducation des enfants.

D. *Y a-t-il des pays qui ont compris la nécessité de développer l'instruction de la femme?*

R. Certainement. Je ne citerai que les États-Unis, les pays scandinaves, la Russie et même la France.

Dans l'espace de douze ans, les Français ont créé 120

collèges et lycées de jeunes filles, fréquentés l'an dernier par 11.645 jeunes filles et coûtant annuellement à l'État la somme de 1.783.250 francs.

De même, aux États-Unis, existent 167 collèges d'enseignement supérieur à l'usage des jeunes filles, où les cours, donnés par 2.235 femmes professeurs, sont suivis par 25.024 élèves.

D. *Et en Belgique, qu'a-t-on fait jusqu'ici ?*

R. Rien ou à peu près rien.

D. *Pourquoi cela ?*

R. Parce que les législateurs belges ne s'occupent pas des questions sociales.

D. *Revenons à la mission de la femme. Est-ce que toutes les femmes se marient ?*

R. Non, toutes les femmes ne se marient pas.

D. *Pourriez-vous m'en dire les raisons ?*

R. D'abord, parce qu'il y a, en Europe, plus de femmes que d'hommes : 170.818.561 hommes et 174.914.119 femmes ; c'est-à-dire que le nombre des femmes dépasse de quatre millions (4.095.558) le nombre des hommes. Puis, les maladies physiques et morales, la criminalité, l'aliénation mentale, la mortalité naturelle ou accidentelle atteignent plus l'homme que la femme. De plus, les difficultés de la lutte pour l'existence mettent grand nombre d'hommes dans l'incapacité de subvenir à leurs besoins et de se créer une famille. Enfin, beaucoup de femmes, comme beaucoup d'hommes, n'ont pas la vocation du mariage.

D. *Quel est, en Belgique, le nombre de femmes mariées ?*

R. Par 100 habitants, il y a, en Belgique, 21 femmes nubiles : 9 de ces femmes sont mariées ; 12 ne le sont pas.

D. *Citez des chiffres plus précis?*

R. Prenons, par exemple, le groupe des femmes belges âgées de plus de vingt-cinq ans. Dans ce groupe, on rencontre **875.561** femmes mariées, et **543.056** femmes hors mariage. Ces 543.056 femmes comprennent 339.215 filles célibataires et 203.841 veuves.

D. *En est-il de même dans les autres contrées d'Europe?*

R. Il en est ainsi partout. En Europe, par cent habitants, on rencontre 22 femmes en âge de se marier : 10 sont mariées; 12 sont célibataires. Rien qu'en France, il y a un million huit cent mille femmes célibataires âgées de vingt-cinq à soixante ans.

D. *Est-il vrai que le nombre des mariages ne cesse de décroître?*

R. Oui, c'est vrai.

D. *Pourriez-vous me le prouver?*

R. En voici deux preuves.

En France, en 1872, il s'était marié 80 personnes par 1000 mariables; ce chiffre est descendu, en 1877, à 64 personnes par 1000 mariables.

Autre preuve. Dans l'empire d'Allemagne, en 1872, année de prospérité commerciale, 423.900 mariages furent contractés; en 1879, année de crise, 335.133 seulement. Le nombre des mariages avait donc diminué de 25 %, et même de 33 %, en tenant compte de l'augmentation de la population.

D. *Que doivent faire les millions de femmes qui ne se marient pas?*

R. Ces millions de femmes, n'ayant pas de mari et destinées pour la plupart à ne jamais se marier, doivent vivre et manger comme vous et moi. Pour gagner leur pain, elles doivent travailler. Il faut dès lors permettre à ces femmes d'étudier comme elles l'entendent, d'occuper les métiers qui leur conviennent, d'exercer les professions qui leur plaisent; à moins toutefois que l'homme, tyrannique et lâche, oubliant qu'il a une mère, une épouse, des filles, des sœurs, entende ne réserver aux femmes que la débauche et la prostitution.

QUATRIÈME LEÇON.

L'Autorité maritale.

D. *La femme est-elle une esclave?*
R. D'après le Code Napoléon, la femme majeure, fille ou veuve, est une personne libre. Mariée, elle tombe en esclavage.

D. *En quoi consiste cet esclavage de la femme mariée?*
R. La femme est placée sous la domination légale du mari, son seigneur et maître. Comme l'esclave, elle n'a pas d'existence libre : elle jure à son mari une obéissance de toute sa vie. Comme l'esclave, la femme n'a pas de nom patronymique et porte celui de son chef; comme l'esclave, la femme n'a pas de nationalité propre. Comme l'esclave, la femme ne peut ni témoigner ni faire partie d'un conseil de famille. Comme l'esclave, elle ne peut ni gagner de l'argent ni économiser pour elle. Comme l'esclave, elle n'a pas droit au profit de son travail. Comme l'esclave, la femme ne peut ni acheter, ni vendre, ni donner, ni recevoir sans la permission de son chef. Rien ne lui appartient. Comme l'esclave, elle ne peut passer aucun acte ni intenter

aucun procès sans le consentement de son mari. Comme l'esclave, la femme n'a aucun droit sur ses enfants.

D. *Alors, la femme mariée est vraiment une esclave?*

R. La femme mariée est moins que l'esclave; car, dans l'ancienne Rome, un maître pouvait affranchir son esclave; tandis que, aujourd'hui, chez nous, en plein XIXe siècle, il est interdit au mari, en vertu de l'article 1388 du Code Napoléon, de renoncer à aucun de ses droits sur la personne de sa femme.

D. *Que réclament les féministes?*

R. Que la femme mariée devienne un être libre, conscient et responsable; qu'elle soit l'égale du mari.

D. *N'est-il pas nécessaire que, dans l'association conjugale, l'un des époux soit subordonné à l'autre?*

R. Non, ce n'est ni nécessaire ni utile. Car la nature même du mariage n'admet pas de puissance maritale.

D. *Comment cela?*

R. En effet, le mariage est une association entre deux êtres humains, libres et conscients. Or, dans toutes les associations volontaires entre deux personnes, il n'est pas vrai que l'une doive nécessairement être maîtresse absolue. De plus, il n'appartient pas à la loi de décider d'avance que le même associé sera toujours le maître en tout et pour tout.

D. *La loi dit-elle cela?*

R. Parfaitement. Suivant le Code, dans le mariage le mari est tout; la femme ne compte pour rien. Le mari, fût-il le dernier des ignorants, le dernier des ivrognes, le dernier des débauchés, a toujours raison, même quand il a tort; tandis que la femme, fût-elle la plus intelligente, la plus rangée, la plus économe, la plus vertueuse des épouses, d'après la loi, toujours elle a tort, même quand elle a raison.

D. *Cependant, ne faut-il pas un chef dans la famille?*

R. Non. Dans la famille constituée sur des bases rationnelles, il faut deux chefs : le mari, chargé plus spécialement des relations externes; la femme, investie de la direction de la vie intérieure du foyer.

D. *Comment décidera-t-on dans les affaires de famille?*

R. Le mari et la femme statueront à cet égard comme ils l'entendent, dans leur contrat de mariage. La décision de chaque affaire pourra aussi dépendre des aptitudes spéciales, de la supériorité d'âge, de la situation de fortune ou de la supériorité intellectuelle de chacun des conjoints. Mais il n'appartient pas à la loi de proclamer d'avance que c'est l'avis du mari qui sera prépondérant, toujours et en tout.

D. *Que se produira-t-il en cas de conflit?*

R. En cas de conflit, le juge civil statuera, conformément au principe déjà énoncé, aujourd'hui, à l'article 219 du Code civil.

D. *La dualité du pouvoir familial est-elle possible ?*

R. Oui, sans nul doute. A Rome, pendant des siècles, le pouvoir suprême fut exercé par les deux consuls, et jamais cette dualité n'a causé le moindre péril au salut de l'État. Ce qui fut possible jadis pour la direction de l'État, doit être aujourd'hui possible pour la direction de la famille.

D. *L'égalité des époux n'amènerait-elle pas la désorganisation de la famille?*

R. Au contraire, la reconnaissance des droits de la mère fortifiera la famille. C'est l'esclavage actuel de la femme mariée qui humilie l'épouse, amoindrit la mère, affaiblit la famille.

D. *Y a-t-il des pays qui aient adopté la thèse féministe et aboli l'autorité despotique du mari?*

R. Oui. Ces pays sont l'Angleterre, la Russie, les États-Unis, le Canada, l'Australie.

D. *Et ailleurs?*

R. Ailleurs, en Italie, dans les pays scandinaves et en Autriche, l'autorité maritale a été très fortement atténuée et diminuée.

D. *Et en France?*

R. En France, le premier projet de Code civil, déposé à la Convention nationale par Cambacérès, le 9 août 1793, abolissait l'autorité maritale et fondait le droit de famille sur l'égalité des époux. C'est ce vilain sabreur de Bonaparte qui, voulant maintenir l'esclavage de la femme, a fait échouer le projet.

D. *Quelles ont été les conséquences de la suppression de l'autorité maritale en Angleterre et en Russie?*

R. Il n'en est résulté ni crise ni trouble. C'est d'ailleurs dans les pays où la femme est émancipée que la famille présente les conditions d'existence les plus favorables ; c'est là que les mariages sont les plus nombreux, les plus précoces, les plus féconds, et peut-on même ajouter : les plus heureux.

CINQUIÈME LEÇON.

De la Fidélité conjugale.

D. *A propos de la fidélité conjugale, que dit le Code Napoléon?*

R. L'article 212 dit que les époux se doivent une « mutuelle fidélité. »

D. *Cela est-il vrai ?*

R. Non ; c'est une hypocrisie et un mensonge.

D. *Expliquez-vous !*

R. La femme qui commet un adultère est toujours punie d'un emprisonnement de **trois mois** à **deux ans.**

D. *Et l'homme ?*

R. Le mari en Belgique peut être condamné à une peine de **un mois** à **un an**, mais dans le cas seulement où il entretient une concubine **dans la maison commune.** En France, la loi est plus inique encore. D'après le Code pénal de 1810, la peine du mari n'est, dans ce cas, que de cent francs à deux mille francs d'amende, que l'homme payera au moyen de la dot de sa femme.

D. *Qu'est-ce que tout cela veut dire ?*

R. Que l'adultère du mari est permis ; que l'adultère de la femme est condamné. Le Code appelle cela la « mutuelle fidélité. »

D. *Que demandent les féministes ?*

R. Les féministes veulent qu'il y ait une seule et même morale pour les deux sexes ; et non plus, comme aujourd'hui, une morale commode et facile pour l'homme, et une autre morale, inexorable et sévère pour la femme. Ils disent que ce qui est défendu à l'un des époux ne peut être permis à l'autre.

D. *Pourtant, les conséquences de l'adultère ne sont pas les mêmes pour l'homme et pour la femme ?*

R. La femme, dit-on, peut introduire des enfants dans sa famille ; mais le mari, en commettant un adultère, peut aussi en introduire dans la famille d'un autre. Il peut communiquer à sa femme des maladies et souiller toute sa descendance. Les conséquences de l'adultère sont en somme les mêmes pour le mari et pour la femme.

D. *D'après le Code Napoléon, en vigueur en Belgique, l'adultère est-il une cause de divorce, égale pour les deux époux?*

R. Aucunement. D'après les articles 229 et 230, le mari peut toujours demander le divorce pour cause d'adultère de sa femme, tandis que la femme ne peut demander le divorce pour cause d'adultère de son mari, que lorsque la concubine a été entretenue dans la maison commune. C'est ce que le législateur, avec sa loyauté coutumière envers la femme, appelle la « mutuelle fidélité. »

D. *En a-t-il toujours été ainsi?*

R. Non. Sous l'ancien droit, l'adultère était, pour les époux, une cause égale de séparation.

D. *Et aujourd'hui, chez les autres peuples?*

R. Toutes les nations modernes ont adopté la thèse féministe et consacré le système de la complète égalité. La plupart ne font plus aucune différence entre l'adultère de l'un ou de l'autre époux, en tant que cause déterminée du divorce ou de la séparation de corps.

D. *Citez ces nations!*

R. L'Allemagne (1), l'Australie (depuis 1893), l'Autriche, les États scandinaves, les Pays-Bas, la République Argentine, 41 États de l'Union américaine (2), la Suisse, la Roumanie, la Russie, le Japon (3).

D. *Et la France?*

R. Par la loi du 27 juillet 1884, la France a fait dis-

---

(1) Toute l'Allemagne, sauf le grand-duché de Bade.

(2) Quarante et un États sur quarante-quatre. Les trois États américains faisant exception sont la Caroline du Nord, le Kentucky et le Texas.

(3) Le nouveau Code civil japonais, promulgué en 1890, devait entrer en vigueur le 1ᵉʳ janvier 1893. La loi du 22 novembre 1892 en a ajourné l'application au 31 décembre 1896.

paraître l'inégalité de traitement entre les époux, consacrée par l'article 230 du Code Napoléon.

D. *Et en Belgique?*

R. Ces Messieurs du Parlement belge ont bien autre chose à faire que de s'occuper de l'amélioration des lois.

D. *Y a-t-il des pays qui punissent de la même peine l'adultère du mari et celui de la femme?*

R. Oui. La plupart des pays ont fait droit, à cet égard, à la thèse féministe, en plaçant l'adultère du mari sur le même pied que l'adultère de la femme.

D. *Citez ces pays!*

R. La plupart des États de l'Union américaine, l'Allemagne, l'Autriche, les Pays-Bas, la Suisse, la Hongrie, la Russie.

D. *Y a-t-il des pays qui ne punissent pas l'adultère?*

R. Oui, certains États — l'Angleterre, l'État de New-York, le canton de Genève — considèrent l'adultère comme relevant de la morale et du droit civil et ne le punissent pas.

D. *Que réclament les féministes?*

R. Les féministes abandonnent au législateur le choix entre ces deux systèmes :

Ou bien ne plus punir l'adultère, comme à Genève, dans l'État de New-York, en Angleterre, comme sous la législation révolutionnaire, et ainsi que le propose, aujourd'hui même, la Commission de rédaction du nouveau Code pénal russe ;

Ou bien frapper de la même peine l'adultère de la femme et celui du mari, comme dans la plupart des pays.

SIXIÈME LEÇON.

L'Autorité parentale.

D. *Le Code Napoléon accorde-t-il à la mère des droits sur ses enfants?*

R. Non. Le Code civil attribue, il est vrai, à la mère une apparence d'autorité sur ses enfants; mais l'exercice de la puissance paternelle, durant le mariage, n'appartient qu'au père seul.

D. *La loi est-elle formelle à cet égard?*

R. Oui, la loi est formelle. En effet, le père, seul, peut autoriser ses enfants à quitter la maison paternelle; il les élève comme lui seul l'entend; seul, il peut les faire détenir dans une maison de correction, consentir à leur mariage, sans que jamais, pour l'un ou l'autre de ces actes, il ait à prendre l'avis de la mère. De même, le père, seul, durant le mariage, a la jouissance des biens de ses enfants mineurs.

D. *Alors, le père a tous les droits sur ses enfants?*

R. Parfaitement. Le père a tous les droits sur ses enfants.

D. *Et la mère n'en a aucun?*

R. Ainsi le veut notre Code.

D. *Quelle est l'origine de cette législation?*

R. Cette législation provient de Rome, où le père avait sur la personne de sa femme et de ses enfants tous les droits, y compris le droit de vie et de mort. La puissance paternelle était basée sur le droit de propriété que les Romains accordaient au père sur chacun des membres de sa famille.

D. *La conception romaine de la puissance paternelle est-elle fondée ?*

R. Aucunement, car le père n'est pas propriétaire de ses enfants. Il a simplement envers eux un droit de garde. Par le fait du mariage, il contracte, au même titre que la mère, l'obligation de nourrir, entretenir et élever les êtres auxquels il a donné la vie. Le père est non le propriétaire, mais le tuteur naturel de ses enfants.

D. *D'après les féministes, comment doit être réglée l'autorité paternelle ?*

R. Les féministes demandent que l'autorité parentale, c'est-à-dire l'autorité conjonctive des parents, soit substituée à l'autorité paternelle, c'est-à-dire à l'autorité exclusive du père.

D. *Que sera l'autorité parentale ?*

R. L'autorité parentale sera non pas un droit de propriété des parents sur leurs enfants, mais un simple droit de garde ; une tutelle instituée dans l'intérêt exclusif de l'enfant. Dans cette tutelle parentale, la mère aura les mêmes droits que le père, de même que, dans toute tutelle, il y a un subrogé tuteur chargé de contrôler la gestion du tuteur.

D. *Comment sera réglée cette autorité parentale ?*

R. Pour toutes les questions d'éducation, de garde, de correction, d'établissement, de consentement au mariage, ou d'administration des biens de l'enfant, l'accord des époux, et non plus la volonté exclusive du père, présidera aux décisions de la famille.

D. *Semblable réforme est-elle possible ?*

R. Sans doute. Aujourd'hui même, dans les familles unies où règne l'entente entre les époux, la mère dirige l'éducation de l'enfant dans la première enfance ; puis, quand l'enfant grandit et parvient à l'âge de fréquenter l'école, le père et la mère agissent de commun accord et décident après mûre réflexion. Rien n'empêche de reconnaître dans la loi ce qui existe en fait.

D. *Y a-t-il des pays où existe l'autorité parentale fondée sur les droits des père et mère ?*

R. Oui, je citerai notamment l'Autriche, les provinces baltiques, l'Angleterre, l'Italie; aux États-Unis, les États de Iowa, Kansas, Nebraska, New-York, Oregon, Washington. En France, le premier projet de Code civil, présenté le 9 août 1793, à la Convention, reconnaissait aux père et mère une égale autorité sur leurs enfants.

D. *Pourquoi ce projet n'a-t-il pas été adopté ?*

R. Toujours à cause du même homme néfaste, Bonaparte, qui fit sacrifier les droits de la mère.

D. *Bonaparte avait-il des motifs de s'opposer ainsi à la reconnaissance des droits de la femme ?*

R. Évidemment oui. Il savait que l'influence des mères contrecarrerait toujours ses projets guerriers. Aussi, entendait-il n'accorder aux femmes aucun crédit ni dans la famille ni dans l'État. Si les femmes avaient eu, à cette époque, leur mot à dire, elles auraient empêché qu'on sacrifiât inutilement leurs enfants et elles auraient promptement mis fin aux expéditions conquérantes et aux folies guerrières de ce Napoléon qui a épuisé la France, en lui enlevant les plus vigoureux de ses fils.

D. *Cependant, si l'on accorde aux parents une égale autorité sur leurs enfants, en cas de désaccord, qui tranchera le conflit ?*

R. Dans ce cas, une décision de justice ou d'un conseil de famille tranchera le différend.

D. N'y a-t-il pas d'inconvénients à faire intervenir ainsi la justice ou un arbitre dans les conflits domestiques?

R. De tout temps, on a admis cette intervention.

D. Pourriez-vous en mentionner quelques exemples?

R. Assurément. Mahomet, qui ne fut guère favorable aux femmes, décida le premier que, en cas de désaccord entre l'homme et la femme, on recourrait à un arbitrage.

Dans l'ancien droit belgique, le père et la mère devaient accorder « conjointement » leur consentement au mariage de leurs enfants. Si l'assentiment de l'un des deux faisait défaut, il appartenait au juge de statuer.

De nombreuses législations contemporaines se sont également montrées soucieuses d'édicter des dispositions protectrices, qui limitent l'autorité du père et sauvegardent les droits de l'enfant. Ainsi, le Code autrichien, le Landrecht prussien, le Code saxon, le Code civil italien, le Code civil des provinces baltiques permettent à la mère de faire entendre sa voix dans la famille et de se faire écouter. Pour ne citer qu'un seul exemple, nous mentionnerons cette disposition pleine de sagesse du Code civil des provinces baltiques : « Si la mère est convaincue que la volonté du père soit de nature à causer préjudice aux enfants, elle peut s'adresser à l'autorité judiciaire, qui, dans ce cas, pourra lui confier à elle-même l'éducation des enfants. » De même, en Italie et en Autriche, si le père abuse de son autorité, viole ou néglige l'un ou l'autre de ses devoirs, sur la demande d'un parent ou à la requête du ministère public, les tribunaux interviennent et prononcent la suspension ou la déchéance de la puissance paternelle.

D. *L'autorité paternelle constitue-t-elle, en droit naturel, un pouvoir nécessaire et absolu?*

R. Ce pouvoir ne peut être absolu. Il doit être exercé dans l'intérêt de l'enfant. C'est ce que vient de comprendre le législateur français. La loi du 24 juillet 1889, modifiant le Code Napoléon, accorde aux tribunaux le droit de prononcer la déchéance de l'autorité paternelle contre les parents indignes.

D. *Le principe de l'intervention du juge n'est donc pas nouveau?*

R. Ce principe est si peu nouveau qu'il est inscrit à l'article 218 du Code civil lui-même.

D. *Que dit l'article 218 du Code civil?*

R. Cet article porte que si le mari refuse d'autoriser sa femme à ester en justice ou à passer un acte, le juge peut accorder l'autorisation. Eh bien! les féministes demandent que ce principe de l'intervention du juge, admis et appliqué sans protestation depuis un siècle, lorsqu'il s'agit du moindre intérêt pécuniaire de la femme, soit reconnu et appliqué pour trancher tout désaccord des parents au sujet des intérêts moraux de l'enfant.

D. *En cas de conflit entre les époux, de quelle manière aura lieu l'intervention du juge?*

R. Les parents seront appelés et entendus en la chambre du conseil. Le ministère public, protecteur légal des mineurs et des incapables, prendra la défense des intérêts de l'enfant. L'intervention d'avoués, d'avocats ou de défenseurs ne sera point admise, et le tribunal statuera souverainement, apportant dans ses délicates fonctions, la sagesse de son expérience, sa modération, son indépendance, sa respectable autorité.

SEPTIÈME LEÇON.

Du Régime des Biens entre Époux.

D. *La généralité des époux font-ils un contrat de mariage ?*

R. Non. Dans les classes laborieuses surtout, les époux se marient sans contrat.

D. *Et pourquoi cela ?*

R. Parce qu'un contrat de mariage nécessite des frais. Dans la classe populaire, les conjoints qui, au moment du mariage, ne possèdent d'autres ressources que leurs salaires, par économie ne font pas de contrat de mariage.

D. *Pourriez-vous prouver le fait que vous avancez là ?*

R. Évidemment. Ainsi, à Paris, 22.223 mariages ont été célébrés en 1890. Sur ces 22.223 mariages, le nombre des contrats s'est élevé en tout et pour tout à 3.693. Dans les quartiers riches (6e, 7e, 1er et 8e arrondissements), le nombre des contrats a été respectivement de 251, 274, 331 contrats sur 1000 mariages ; tandis que dans les quartiers populaires et ouvriers, le chiffre des contrats n'a pas été supérieur à 47 contrats sur 1000 mariages.

D. *Quand il n'y a pas de contrat de mariage, à quel régime sont soumis les époux ?*

R. Les époux sont soumis au régime légal de communauté.

D. *Pourquoi le législateur a-t-il appelé ce régime « régime de communauté »?*

R. Par hypocrisie et par mensonge.

D. *Veuillez vous expliquer!*

R. En effet, sous le régime de la communauté, le mari est maître absolu de toutes les ressources de la famille; il a le droit de s'emparer des gages, des salaires, des gains, des économies et de l'épargne de sa femme. S'il est ivrogne ou débauché, il peut vendre le mobilier du logis, la couchette de la femme, le berceau de l'enfant. Si la femme a acquis par son travail une petite fortune, le mari, comme chef de la communauté, a seul le droit d'en disposer. Seul, le mari a l'administration des biens, meubles et immeubles de la communauté et peut les vendre, les aliéner, les hypothéquer sans le concours de la femme (article 1421 du Code civil).

D. *Ce régime de communauté est une hypocrisie!*

R. Vraiment, c'est une hypocrisie. Car, tout ce qui appartient à la femme devient propriété du mari, sans que ce qui est au mari appartienne à la femme.

D. *Comment, vous, appelez-vous ce régime?*

R. J'appelle ce régime, le régime de spoliation de la femme.

D. *Le régime de communauté, tel que l'a établi le Code Napoléon, a-t-il toujours existé?*

R. Non. D'après la coutume de Bruges notamment, les époux avaient dans la communauté des droits identiques, et ne pouvaient agir l'un sans l'autre *(d'eene zonder d'andere)*.

D. *Et antérieurement au Code civil?*

R. Le projet déposé à la Convention nationale, le 9 août 1793, par Cambacérès, accordait aux époux des droits égaux dans l'administration de la communauté (1).

D. *Qui a empêché l'adoption de ce projet égalitaire?*

R. Toujours le même homme néfaste...... le guerrier appelé Bonaparte.

D. *Que demandent les féministes?*

R. Que le régime légal soit la séparation de biens et non plus le régime de communauté.

D. *Y a-t-il des raisons de préférer la séparation de biens?*

R. Il y en a une foule.

D. *Citez en quelques-unes?*

R. D'abord, il est immoral que l'un des époux s'enrichisse par le mariage au détriment de l'autre; que le mari ait tous les pouvoirs d'administration, et la femme aucun; que le mari puisse s'emparer des gains, des salaires, des économies de sa femme.

D. *Et puis....?*

R. Quand la séparation de biens sera le régime légal du mariage, la femme devra s'occuper de la gestion de ses intérêts. Il faudra fatalement améliorer son éducation pour lui permettre d'assumer la responsabilité de

---

(1) Dans son Avant-projet de revision du Code civil belge, M. Fr. Laurent a renouvelé le projet de Cambacérès. Ce régime de communauté parfaite, qui confère aux époux des droits et des prérogatives identiques, est appliqué dans plusieurs États de l'Union américaine. On le retrouve dans le Code californien. C'est aussi le système du Code portugais. Il est également en vigueur dans diverses parties de l'Allemagne. Le législateur du canton de Bâle-Campagne vient de le mettre en pratique par la loi du 20 avril 1891. D'après le § 4 de cette loi, le consentement formel de la femme est nécessaire pour aliéner, hypothéquer ou grever d'aucune charge les immeubles communs, qu'ils proviennent ou non de la femme. Le consentement doit être donné dans l'acte même. Si la femme refuse de consentir, le mari doit demander l'autorisation de la justice. Si pour cause soit de maladie grave, soit d'absence, l'épouse est empêchée de donner son consentement, le conseil communal désigne, parmi ses membres, un mandataire chargé de remplacer la femme et de représenter ses intérêts.

l'administration de sa fortune. Elle cessera d'être un objet de plaisir et de luxe pour devenir un être utile.

D. *Pour les femmes riches en résultera-t-il un bien?*

R. Oui, car la femme, ne pouvant plus demeurer inoccupée, désœuvrée ou inactive, deviendra plus honnête. Combattre l'oisiveté des femmes, ce sera extirper le vice et moraliser le foyer.

D. *La séparation de biens ne présente-t-elle pas d'autres avantages?*

R. Oui. La séparation de biens empêchera une série de fraudes qui se commettent aujourd'hui. Ainsi, par exemple, des époux sont mariés sous le régime de la communauté. Le mari est engagé dans une affaire. Pour soustraire son avoir à ses créanciers, il contraint sa femme à demander la séparation de biens. Il prend soin de placer au préalable toute sa fortune au nom de sa femme, et les malheureux créanciers sont volés.

D. *La séparation de biens n'offre-t-elle aucun autre avantage?*

R. Voici encore un autre avantage. La séparation de biens sera pour la femme une école d'application.

D. *Comment cela?*

R. Pour le cas où elle viendrait à être privée de son mari. La femme sera initiée aux affaires et, veuve, se trouvera en état de gérer les intérêts de la famille.

D. *Est-ce tout?*

R. Non; la séparation de biens présente divers autres avantages. Au point de vue des intérêts pécuniaires, la société conjugale peut être assimilée à une société commerciale. Or, dans toute société commerciale, doit être constitué un fonds de réserve. La fortune de la femme sera le fonds de réserve de la famille. L'esprit d'ordre des femmes, leurs habitudes d'économie, leurs tendances conservatrices généralement observées protégeront cette réserve contre la manie de spéculation et contre les prodigalités du mari.

D. *Y a-t-il des pays qui aient adopté la séparation de biens comme régime légal du mariage?*

R. Oui, de très nombreux pays.

D. *Citez-les!*

R. L'Autriche (Code civil de 1811), trente-sept États de l'Union américaine, la Russie (Svod russe), la Serbie (Code civil Karageorgewicz, 1844), l'Italie (Code civil de 1865), le Canada (loi de 1875), la Turquie (Code de 1876), l'Angleterre (loi du 18 août 1882), l'Australie (loi de 1884).

D. *Quels ont été les résultats de cette réforme?*

R. Tous les jurisconsultes, en Angleterre notamment, se félicitent des résultats obtenus par l'introduction du régime légal de la séparation de biens.

HUITIÈME LEÇON.

Les Salaires de la Femme.

D. *Y a-t-il beaucoup de femmes qui travaillent ?*

R. Oui, il y a beaucoup de femmes qui travaillent. En Allemagne, il y en a cinq à six millions ; en Italie, cinq millions dont 873.900 ouvrières de filature ; en Angleterre, quatre millions de femmes (4.016.230) occupent 331 professions, carrières et métiers différents (1).

D. *Et en France ?*

R. En France, sur 10.352.000 ouvriers, il y a 4.415.000 femmes dont le travail rapporte annuellement en salaires, gages et traitements, la somme de 2.460.000.000 francs (deux milliards quatre cent soixante millions).

D. *Et en Belgique ?*

R. Dans tous les domaines de l'activité sociale, les femmes belges participent au travail national et contribuent, dans une très large mesure, à l'augmentation des revenus et à l'accroissement de la richesse publique.

D. *Précisez !*

R. D'après les indications du dernier recensement décennal, près d'un million de femmes belges étaient obligées de gagner leur pain, en exerçant des professions diverses. Voici les chiffres détaillés :

---

(1) En Angleterre et pays de Galles seulement, sans compter l'Écosse et l'Irlande.

	HOMMES	FEMMES
I. — PROFESSIONS INDUSTRIELLES.		
A) Industries ayant pour objet l'extraction, le traitement et la transformation des **matières minérales**.	277.997	15.266
B) Industries ayant pour objet le traitement, la transformation ou la conservation des **substances végétales** ainsi que l'apprêt des produits qui en proviennent.	226.818	35.442
C) Industries ayant pour objet de recueillir, traiter ou transformer les **substances animales**, et d'apprêter les produits qui en proviennent.	38.806	13.415
D) **Industries mixtes** utilisant les substances minérales, végétales et animales.	282.881	190.878
II. — PROFESSIONS NON INDUSTRIELLES, FONCTIONS ET POSITIONS.		
E) Professions commerciales.	215.559	111.532
F) Fonctions ou professions intellectuelles ou libérales.	505.847	153.440
G) Professions et positions diverses		
a) Propriétaires.	63.588	45.632
b) Professions indépendantes.	10.942	16.102
c) Petits emplois, domestiques, ouvriers non industriels.	434.660	299.102
d) Professions soumises à la police des mœurs.	71	1.410
	2.057.169	882.219

Ces **882.219** femmes belges, contraintes d'aller chercher en dehors du foyer leurs moyens d'existence, occupent dans l'industrie et le commerce, des emplois dans 272 groupes différents de métiers, de professions, de fonctions ou de positions. Nous ne comprenons évidemment pas dans ces groupes les occupations ménagères auxquelles sont assujetties plus d'un million de femmes. Il n'existe, en Belgique, que huit groupes de fonctions et de métiers qui soient inaccessibles au sexe féminin (1).

D. *Est-ce que, en Belgique et en France, les six millions de femmes qui travaillent, peuvent disposer de leurs salaires ?*

R. Non. En Belgique et en France, les femmes mariées travaillent pour leur mari. Le mari, seul, peut disposer, comme il l'entend, des salaires de sa femme.

D. *Est-ce juste?*

R. Non, c'est injuste et c'est même immoral.

D. *Pourquoi est-ce injuste et immoral?*

R. C'est injuste, parce que celui qui travaille doit, seul, pouvoir disposer du produit de son travail ; c'est immoral, car il est honteux que l'homme puisse s'emparer des salaires gagnés par sa femme. Il est odieux que, avec la complicité de la loi, un mari soit autorisé à dissiper dans la débauche ou au cabaret l'argent péniblement amassé par sa femme.

D. *Comment se fait-il qu'un principe aussi injuste et aussi immoral ait pu prendre place dans le Code?*

R. Parce que, à l'époque de la promulgation du Code civil, en 1804, la grande industrie n'existait pas encore. Peu de femmes travaillaient. On n'avait pas, à ce moment, à statuer sur les intérêts spéciaux des femmes. Il n'en est plus de même aujourd'hui.

D. *Ainsi, la femme n'a aucun droit sur ses salaires?*

R. Aucun. A cet égard, elle est moins que l'esclave à Rome.

---

(1) Ces huit groupes comprennent: les ministres des cultes reconnus par l'État ; les aumôniers militaires ; les officiers de tout grade de l'armée ; les agents de la police communale ; les personnes exerçant la médecine vétérinaire; les ingénieurs civils, des arts et manufactures ; les arpenteurs et géomètres ; les agents consulaires rétribués.

D. *Et comment cela ?*

R. Parce que, à Rome, l'esclave pouvait posséder un pécule, tandis que la femme du peuple, l'ouvrière, au XIXᵉ siècle, ne le peut même pas, en Belgique et en France.

D. *Tous les pays ont-ils maintenu les dispositions abominables du Code Napoléon ?*

R. Heureusement, non. La plupart ont reconnu, depuis des années, la nécessité de modifier leur législation surannée, et presque tous ont accordé aux femmes mariées le droit de disposer de leurs salaires.

D. *Citez ces États !*

R. Ces États sont ceux de Pologne (1825), Rhode-Island (1844), New-Hampshire (1846), New-York (1848), Maine (1856), Italie (1865), Kansas (1868), Minnesota (1869), Iowa (1870), Angleterre (loi du 9 août 1870), Caroline du Nord (1871), Delaware et Nevada (1873), Illinois, Massachusetts, Virginie (1874), Suède (loi du 11 décembre 1874), Arkansas, Canada, Colorado, Missouri, Nebraska (1875), Wyoming (1876), Connecticut (1877), Oregon, Wisconsin (1878), Mississipi (1880), Danemark (loi du 7 mai 1880), Indiana (1881), Écosse (loi du 18 juillet 1881), Nouvelle-Galles-du-Sud (1884), Alabama, Pennsylvanie, Ohio (1887), Norvège (loi du 29 juin 1888), Allemagne (projet de Code civil, 1888, article 1289), Dakota du Nord et du Sud (1889), Finlande (loi du 15 avril 1889).

D. *En France, n'a-t-on rien fait dans cette voie ?*

R. Une proposition de loi tendant à protéger l'ouvrière contre les abus de l'autorité maritale a été déposée, le 22 juillet 1890, sur le bureau de la Chambre des députés par MM. Jourdan et Dupuy (ancien chef du cabinet français, aujourd'hui président de la Chambre des députés).

D. *Et en Belgique?*

R. Les représentants en Belgique sont trop grands seigneurs pour veiller aux intérêts des femmes du peuple.

NEUVIÈME LEÇON.

L'Épargne de la Femme mariée.

D. *Une femme mariée a-t-elle le droit de disposer de son épargne?*

R. Non. Une femme mariée ne peut, en Belgique, ni épargner ni disposer de son épargne.

D. *C'est par trop absurde! En êtes-vous bien certain?*

R. Assurément. Il est interdit à la femme mariée de se faire ouvrir un livret sans le consentement de son mari; elle ne peut, sans ce concours, retirer de la caisse d'épargne la somme la plus minime.

D. *Cette législation, pour être ainsi maintenue, ne présente-t-elle pas des avantages?*

R. Au contraire, elle offre des inconvénients nombreux et de sérieux dangers.

D. *Quels dangers?*

R. D'abord, le système de la loi actuelle compromet l'épargne au lieu de la favoriser. Il est immoral, en permettant à un mari ivrogne ou débauché de s'emparer des économies de sa femme et de les dissiper pour satisfaire ses passions et ses vices. Aussi, les femmes ont-elles conscience de la situation déplorable qui leur est faite. Elles usent de tous les moyens pour éluder ou violer la loi, et beaucoup même renoncent à épargner.

D. *Est-il prouvé que les femmes belges renoncent à épargner ?*

R. Oui, c'est prouvé. Je ne citerai qu'un seul fait : les femmes belges, soumises en matière d'épargne à l'autorité maritale, épargnent treize fois (**13 fois**) moins que les femmes françaises soustraites à cette autorité.

D. *Précisez !*

R. La loi française du 9 avril 1881, qui a reconnu aux femmes le droit d'épargner et de disposer de leur épargne, a eu les plus heureux résultats sur le développement de l'épargne. Alors que, en 1882, la part de chaque sexe dans l'épargne française présentait une différence de 13.52 p. % en moins du côté des femmes, cette différence s'est progressivement réduite, chaque année, pour tomber, en 1889, à **1.56** p. % ; tandis que, cette même année, la différence en moins du côté des femmes s'élevait, pour la Belgique, au chiffre énorme de **20.74** p. %.

D. *N'est-il pas à craindre que les femmes mariées ne commettent des détournements au détriment du mari, le jour où elles pourront épargner ?*

R. Aucunement.

D. *Prouvez-le !*

R. En France, dans l'espace de onze ans, de 1882 à 1893, la Caisse nationale d'épargne a ouvert 517.513 comptes au nom de femmes mariées : 65.595 avec autorisation maritale ; 451.918 sans l'assistance des maris ; c'est-à-dire que la proportion des comptes directs a été de 87.32 p. %.

Sur ce chiffre énorme de 451.918 comptes directs, il y a eu en tout et pour tout, en 1892, 32 oppositions signifiées à l'agent comptable de la Caisse nationale d'épargne; contre 23, en 1891. Encore, convient-il de le remarquer, dans plusieurs de ces cas, y avait-il séparation de fait entre les époux; l'opposition des maris n'était en réalité qu'une spéculation indigne, un abus des droits que la loi leur a concédés en vue de la protection de la femme et des enfants. C'est-à-dire que sur 517.513 livrets ouverts au nom de femmes mariées, il y a eu, en 1892, dix (10) oppositions ayant un caractère paraissant sérieux.

Et dire que, en 1882, M. Cazot, garde des sceaux, M. Cochery, ministre des Postes et Télégraphes, ainsi que M. Le Royer, président du Sénat, combattirent le projet, prédisant que « cette réforme devait entraîner la désorganisation de la famille!!! »

Ah! ces juristes! leur esprit étroit est partout le même....

D. *Y a-t-il beaucoup de pays qui aient reconnu à la femme mariée le droit d'épargner et de disposer de ses épargnes?*

R. Oui, tous les pays, sauf la Belgique.

D. *Citez ces pays!*

R. Ces pays sont : l'Angleterre (lois du 5 juin 1828 et du 28 juillet 1863), la Suède (loi du 11 décembre 1874), l'Italie (loi du 27 mai 1875), la Prusse, la Roumanie (loi du 5 janvier 1880), le Danemark (loi du 7 mai 1880), la Hollande (loi du 25 mai 1880), la France (loi du 9 avril 1881), le Portugal (loi du 26 avril 1881), l'Autriche (loi du 19 novembre 1887), le Grand-Duché de Luxembourg (loi du 14 décembre 1887), la Norvège (loi du 29 juin 1888), la Finlande (loi du 15 avril 1889), ainsi que trente-sept États de l'Union américaine. Partout, on a reconnu aux femmes mariées la pleine et entière disposition de leurs épargnes.

D. *Et en Belgique?*

R. Un projet de loi en ce sens a été déposé à la Chambre belge, le 18 février 1891. Voilà près de trois ans qu'il sommeille dans les cartons poussiéreux du greffe. Il aurait suffi de cinq minutes pour discuter et voter une loi aussi simple. Mais comme les femmes ne sont pas électeurs et que les représentants n'ont rien à obtenir d'elles, ils se moquent carrément des intérêts féminins. Ah! s'il s'agissait des cabaretiers....

DIXIÈME LEÇON.

Du Témoignage de la Femme.

D. *La femme peut-elle servir de témoin?*

R. Oui et non.

D. *Veuillez répondre sérieusement à ma question : la femme peut-elle être témoin?*

R. Non, la femme ne peut attester ni la naissance d'un enfant, ni le mariage ni le décès d'une personne; mais elle peut, oui, elle peut par son témoignage faire condamner à mort une personne.

D. *Quel est ce charabia?*

R. Ce charabia, c'est la loi française. Cette loi, Napoléon conquérant l'a imposée à la Belgique.

D. *Comment! Une femme peut faire condamner à mort un homme?*

R. Parfaitement. Le témoignage des femmes est admis, d'une manière absolue, en matière criminelle.

D. *Et la femme ne peut être témoin dans un acte public ou privé?*

R. Ainsi le veut le Code. Le témoignage de la femme est rejeté dans les actes de naissance, de mariage, de décès ainsi que dans les testaments.

D. *Et pourquoi cela?*

R. Il n'y a pas de raison. C'est un caprice du législateur ou plutôt le résultat d'une erreur commise au Conseil d'État de France, en 1803, par un certain Monsieur Thibaudeau. Si les femmes siégeaient au Parlement et faisaient de pareilles lois contre les hommes, on dirait que les Chambres sont composées d'hystériques ou de folles. Mais comme ce sont les hommes qui votent ces lois, on les trouve parfaites.

D. *Est-ce que cette législation a toujours existé?*

R. Non, à Liège notamment, sous le gouvernement des princes-évêques, il y a plus de quatre siècles, les femmes possédaient le droit de témoigner dans tous les actes.

D. *Les autres nations sont-elles régies par les dispositions du Code français?*

R. Tous les peuples sérieux ont modifié leur législation à cet égard.

D. *Nommez ces pays!*

R. Ces pays sont : l'Allemagne, l'Angleterre, chacun des quarante-quatre États de l'Union américaine, l'Italie, la Hongrie, la Russie, les États scandinaves : Danemark, Suède, Norvège, Finlande. Tous reconnaissent aujourd'hui aux femmes le droit de témoigner dans tous les actes. En France, le Parlement est saisi d'une proposition déposée, le 17 février 1887, par feu M. E. Lefèbre, vice-président de la Chambre; cette proposition tend à restituer aux femmes le droit de témoigner.

D. *Et en Belgique?*

R. Jamais, le Parlement belge n'a examiné le moindre projet de loi destiné à l'amélioration du sort des femmes.

Bien plus, la Commission de revision du Code civil, instituée en Belgique, ignorant les réformes accomplies à l'étranger, a décidé qu'il n'y avait pas lieu de modifier les articles 37 et 980 du Code civil et a conclu au maintien de l'incapacité des femmes.

D. *Alors, dans le domaine du témoignage des femmes, la Belgique demeure la dernière?*

R. Oui, sans nul doute. Ici encore, la Belgique est à l'arrière-ban des nations. Elle s'y trouve même si bien qu'elle entend y rester.

ONZIÈME LEÇON.

La Recherche de la Paternité.

D. *Les lois de France et de Belgique protègent-elles la jeune fille et l'enfant?*

R. Non. En effet, le riche ou le fils du riche sont autorisés à séduire la fille du pauvre.

D. *Ce que vous dites là est trop monstrueux pour être vrai. Expliquez-vous!*

R. Ce que j'affirme est la vérité. Dès l'âge de quatorze ans, la jeune fille, l'enfant ne sont plus l'objet d'aucune espèce de protection contre les séducteurs. Dès l'âge de quatorze ans, une naïve fillette répond de ses actes; dès cet âge, on la juge prémunie contre tout entraînement, apte à comprendre les suites d'une faute; et, sans défense, cette enfant se trouve exposée aux entreprises criminelles de lubricité d'un adolescent débauché ou d'un vieillard libertin.

D. *Et si cette jeune fille séduite met au monde un enfant, qu'arrive-t-il ?*

R. La malheureuse doit se taire, souffrir en silence, laisser mourir de faim son enfant.

D. *Ce sont là des phrases ! Pourquoi une fille séduite devrait-elle se taire?*

R. Elle doit se taire; car, d'après nos préjugés, elle est déshonorée. La malheureuse est battue par ses parents ou ses frères, chassée de sa famille ou de son service. Elle doit se taire, parce que, d'après notre loi, la recherche de la paternité est interdite, tandis que la recherche de la maternité est admise.

D. *Pourquoi la recherche de la paternité est-elle interdite?*

R. Parce que la loi a été faite par des hommes égoïstes, jouisseurs et lâches.

D. *N'est-ce pas plutôt parce que la preuve de la paternité est difficile à établir?*

R. Mais non, car la difficulté d'établir un droit n'a jamais permis de sacrifier ce droit lui-même. D'ailleurs, il n'est pas plus difficile de retrouver le père d'un enfant que de découvrir un voleur ou un assassin.

D. *L'interdiction de la recherche de la paternité est-elle juste?*

R. Cette interdiction est injuste envers la mère et barbare envers l'enfant.

D. *Injuste envers la mère, comment cela?*

R. Parce qu'elle rejette sur la mère, sur l'être le plus

faible et souvent le moins coupable, toute la responsabilité d'un acte commis à deux.

D. *Barbare envers l'enfant, pourquoi?*

R. Parce que l'enfant a droit à la vie et doit pouvoir obtenir des aliments de ses père et mère. Qui fait l'enfant doit le nourrir. Celui qui oublie ce devoir, est « un malfaiteur qu'il faut classer entre les voleurs et les assassins (1). »

D. *Depuis quand la recherche de la paternité est-elle interdite?*

R. Depuis Napoléon, qui n'était qu'un jouisseur.

D. *Et auparavant?*

R. Antérieurement à Napoléon, en Belgique comme en France, la recherche de la paternité était admise.

D. *La libre recherche de la paternité n'a-t-elle pas provoqué des abus sous l'ancien régime?*

R. Jamais, sous l'ancien régime, ni en France ni en Belgique, la recherche de la paternité n'a produit d'abus. Ceux qui parlent « des abus de l'ancien régime », sont des ignorants ou des gens de mauvaise foi.

D. *Prouvez-le!*

R. Aucun des grands jurisconsultes de l'ancien régime, ni Papon, ni Poulain-Duparc, ni Fournel, ni Bacquet, ni Pothier, ni Domat, ni Lebrun, personne n'a critiqué le système de la recherche. De même, ni Voltaire, ni Montesquieu, ni Rousseau, ni Diderot, aucun d'entre eux n'a combattu la recherche de la paternité. Si la recherche avait engendré des abus et des maux, tous ces auteurs n'auraient pas manqué de les signaler.

---

(1) Parole de M. Alex. Dumas, fils, de l'Académie française.

D. *N'y a-t-il pas cependant un avocat général qui s'est élevé contre la pratique de l'ancien droit?*

R. Nullement. Dans la seconde moitié du XVIIIe siècle, Servan, avocat général à Grenoble, a prononcé un plaidoyer assez célèbre. Servan n'a pas critiqué l'admission du principe de la recherche. Il s'est borné à trouver défectueux divers modes de preuve admis en cette matière par la jurisprudence de certains pays.

D. *Quelle raison Bonaparte a-t-il invoquée pour interdire la recherche de la paternité?*

R. Bonaparte a prétendu améliorer les mœurs par l'effet de cette interdiction.

D. *Ce résultat a-t-il été obtenu?*

R. Au contraire, l'interdiction de la recherche de la paternité a eu pour conséquence de multiplier le nombre des avortements, des infanticides et des abandons.

D. *Les femmes sont-elles devenues « plus chastes et plus réservées », ainsi que feignait de le prévoir Bonaparte?*

R. Bonaparte savait très bien qu'elles ne le deviendraient pas. Il était trop intelligent pour croire sérieusement qu'une loi immorale pourrait engendrer la vertu. L'interdiction n'a eu qu'un seul résultat, celui de rendre les hommes plus artificieux, plus entreprenants et plus lâches.

D. *Veuillez montrer que l'article 340 du Code Napoléon n'a pas amélioré les mœurs!*

R. Prenons un seul exemple : la ville de Paris. En onze ans, de 1880 à 1891, il y a eu à Paris 671.480 naissances, dont 487.501 légitimes et 183.979 illégitimes. Sur 1.000 naissances générales, il y a, en moyenne, 280 naissances illégitimes. Plus du quart des enfants sans père, sans appui, sans protection, telle est l'œuvre scélérate d'un législateur barbare. Il n'est pas, sur la surface du globe, un seul coin du monde où le nombre des naissances illégitimes soit aussi élevé qu'à Paris. Ainsi notamment, la ville de Londres a neuf fois (**9 fois**) moins de bâtards que la ville de Paris.

D. *Y a-t-il des pays où la recherche de la paternité est admise?*

R. Heureusement, oui. Dans la plupart des pays, la recherche de la paternité est admise.

D. *Mentionnez quelques-uns de ces pays!*

R. Les pays qui admettent la recherche de la paternité, sont : l'Allemagne (1), l'Angleterre, l'Australie, l'Autriche, le Brésil, le Canada, le Chili, la Colombie, le Danemark, l'Écosse, l'Espagne, les quarante-quatre États de l'Union américaine, la Finlande, le Guatémala, le Honduras, la Hongrie, l'Irlande, le Mexique, la Norvège, le Pérou, le Portugal, les Provinces baltiques, la République argentine, la Russie (2), Sainte-Lucie, Salvador, la Suède, la Suisse (3), la Turquie.

D. *Pourquoi ne change-t-on pas la loi en Belgique ?*

R. Les députés n'en ont pas le temps.

---

(1) Toute l'Allemagne, sauf la Bavière rhénane, la Hesse rhénane, la Prusse rhénane, soumises aux dispositions du Code Napoléon.

(2) Les coutumes locales de la Russie, applicables aux neuf-dixièmes de la population russe, admettent la recherche de la paternité. Le Svod, applicable seulement aux classes privilégiées, en prononce l'interdiction. Cependant, même dans les classes privilégiées, la recherche est admise dans certains cas. De plus, en vertu de l'article 994 du Code pénal russe, le concubinage est considéré comme un acte délictueux : le célibataire, noble ou bourgeois, peut être condamné à subvenir aux frais d'entretien de sa concubine et des enfants issus de leurs relations.

(3) La libre recherche est admise dans toute la Suisse, sauf dans les cantons français de Genève, Neuchatel et Vaud ; dans le canton allemand de Fribourg ; dans le canton italien du Tessin ; dans le canton mixte des Grisons (composé d'Allemands, d'Italiens, de Romanches).

DOUZIÈME LEÇON.

Les Droits du Conjoint survivant.

D. *Quand un mari riche meurt ab intestat (c'est-à-dire sans avoir fait de testament), sa femme pauvre a-t-elle un droit de succession?*

R. Ici encore, la femme est sacrifiée. Elle ne vient à la succession que s'il n'y a ni parents au douzième degré, ni enfants naturels.

D. *Et pourquoi cela?*

R. Parce que le caprice du législateur l'a voulu ainsi.

D. *Y a-t-il un motif qui ait justifié l'établissement de ce principe?*

R. Non. C'est par suite d'une erreur commise au Conseil d'État de France par un certain Monsieur Treilhard que l'article 767 a été rédigé de cette façon dans le Code civil.

D. *Une erreur a pu se glisser dans la loi?*

R. Mais nos Codes fourmillent d'erreurs.

D. *Depuis quand existe l'erreur de Monsieur Treilhard?*

R. Cette erreur existe depuis le 29 avril 1803.

D. *Comment une erreur aussi grossière a-t-elle pu se maintenir dans le Code, durant quatre-vingt-dix ans?*

R. Parce que nos juristes et nos législateurs ont commis la légèreté de considérer cette erreur comme un principe immuable de droit.

D. *Que demandent les féministes?*

R. Que le conjoint survivant soit placé au premier rang des héritiers, à côté des enfants, et non plus relégué au dernier rang, derrière les cousins au douzième degré et après les enfants naturels.

D. *Quel est le but de cette réforme?*

R. Le but de cette réforme est triple : d'abord, supprimer une erreur monstrueuse de la loi ; puis, honorer le mariage ; enfin, fortifier la famille.

D. *C'est donc la loi actuelle qui bouleverse la famille?*

R. Parfaitement; c'est notre loi qui bouleverse la famille, en reléguant une épouse honnête derrière les enfants naturels et les arrière-cousins issus de sous-germains.

D. *Auparavant, en était-il ainsi?*

R. Auparavant, le conjoint survivant était au premier rang et non au dernier.

D. *Et dans les autres pays, comment la loi a-t-elle réglé les droits du conjoint survivant?*

R. Il n'y a plus que la Belgique qui ait maintenu l'absurdité du Code Napoléon.

D. *Prouvez-le!*

R. En effet, l'Allemagne, l'Angleterre, l'Autriche, le Canada, le Chili, le Danemark, l'Écosse, l'Espagne, les quarante-quatre États de l'Union américaine, la Finlande, l'Italie, la Norvège, la Pologne, le Portugal, la République argentine, la Roumanie, la Russie, la Serbie, la Suède, la majorité des cantons de la Suisse ont modifié leur législation. Faisant droit à la thèse féministe, ils ont reconnu les droits successoraux du conjoint survivant.

D. *Et la France?*

R. La France s'est aperçue de l'erreur de son Code, et une loi récente du 9 mars 1891 a modifié les articles 767 et 205 du Code civil.

D. Quels sont les pays qui ont maintenu dans leurs lois l'erreur de Monsieur Treilhard?

R. Ces pays sont la République dominicaine et.... la Belgique.

D. Alors, la Belgique est au même niveau que la République dominicaine?

R. Parfaitement. Seulement, la République de Saint-Domingue a cette excuse, c'est qu'elle se compose de 250.000 mulâtres et métis, à demi civilisés, habitant une île perdue au fond de l'Océan Atlantique ; tandis que la Belgique est placée au milieu de nations civilisées. De plus, les gouvernants de Saint-Domingue n'ont pas, comme les nôtres, l'illusion de se croire hommes d'initiative, d'intelligence et de progrès.

TREIZIÈME LEÇON.

La Femme-Médecin.

D. Une femme peut-elle devenir un bon médecin?

R. Sans aucun doute. La plupart des nations modernes ont ouvert aux femmes les portes des universités et des écoles supérieures. Partout, les jeunes filles se distinguent par leur zèle et leur application au travail ; elles apportent beaucoup de goût et d'aptitude pour les études qu'elles embrassent et obtiennent de brillants succès dans les examens.

D. La femme possède-t-elle un degré de résistance physique suffisant pour pratiquer la médecine?

R. Les témoignages d'hommes compétents nous permettent de donner une réponse affirmative. Le sexe féminin offre dans la vie une force de résistance égale à celle de l'autre sexe, et chacun peut constater que la part dévolue à la femme dans les fatigues et les souffrances imposées par la nature ou par la société, est considérable. Les médecins ont observé, de leur côté, que, dans les hôpitaux, les sœurs et les infirmières supportent, mieux que les infirmiers, l'air confiné des salles.

D. *Pour l'exercice de la médecine, la femme présente-t-elle autant de garanties que l'homme ?*

R. Incontestablement. Dans les hôpitaux, les femmes remplissent leurs fonctions à la satisfaction de leurs chefs et des malades. Elles sont même plus matinales et ont l'esprit plus dispos que beaucoup d'étudiants. Les chefs de service sont unanimes à reconnaître que les jeunes filles apportent beaucoup d'ordre et de régularité dans l'exécution de leur service et dans l'observation des prescriptions qui leur sont imposées. Elles joignent une certaine dose de sang-froid à beaucoup d'adresse et d'habileté manuelles et appliquent les pansements et les bandages avec cette facilité qui est spéciale à leur sexe (1).

D. *Connaissez-vous des femmes qui, jadis, se soient signalées dans l'étude de la médecine ?*

R. Sans parler d'Olympia de Thèbes, ni de Marcella qui fonda dans le monde le premier hôpital, nous citerons Abella et les sœurs Trottola qui furent professeurs de médecine à Salerne. De nombreuses femmes telles que Adelmota Maltraversa, Guarna Rebecca, Cassandra

---

(1) Voyez sur ces points une très intéressante étude de M. le Dr VALÈRE COCQ, chirurgien-adjoint aux hôpitaux de Bruxelles.

Marchese, Costanza Calenda, Margarita Napoletana, Alessandra Gigliani, Dorotea Bucca, Isabella Cortesi, Regina Dal Cin enseignèrent, aux XVe et XVIe siècles, différentes branches de l'art de guérir. Au XVIIIe siècle, Madeleine Petraccini fut professeur d'anatomie à Ferrare et Anna Morandi Manzolini enseigna la même branche à Bologne. Ce dernier professeur se rendit célèbre par l'invention des pièces anatomiques en cire.

D. *Aujourd'hui, on ne trouve plus aucune femme professant la médecine?*

R. Pardon, aujourd'hui même, Mmes Joséphine Catani et Ferrari donnent les cours d'embryologie et d'histologie, à la faculté de médecine de Bologne.

D. *Y a-t-il beaucoup de jeunes filles qui étudient la médecine?*

R. Le nombre des étudiantes s'accroît chaque jour. En Angleterre, il y a, en ce moment, 259 étudiantes en médecine;
Aux Indes anglaises, » 261 »
En Suisse, » 161 »
En France, » 155 »

D. *Depuis quelle époque les femmes ont-elles été autorisées à exercer la médecine, chez les peuples contemporains?*

R. Aux États-Unis, mrs. Élisabeth Blackwell fut la première femme-médecin; elle sortit de l'université de Geneva, en 1858. En Angleterre, miss Garrett, aujourd'hui mrs. Anderson, obtint son diplôme, en 1865; elle fonda plus tard l'École de médecine pour femmes, à Londres. La femme-médecin fut reçue en Russie, en 1867; en France, en 1868; en Suède, en 1870; en Danemark, en 1875; en Italie et en Belgique, en 1876; en

Finlande, en 1879; en Norvège, en 1884; en Islande, en 1886 (1).

D. *Quel est le nombre des femmes exerçant la médecine?*

R. Londres compte 45 femmes-médecins; les comtés anglais en possèdent 144. Ces dames forment l'association des femmes-médecins diplômées d'Angleterre. D'après le dernier recensement décennal, il y a aux États-Unis, 2.438 femmes-médecins et chirurgiens, dont environ 600 allopathes, 150 homéopathes, 480 s'occupant plus spécialement des maladies de femmes en couches, 170 faisant de la gynécologie, 70 aliénistes, 70 orthopédistes, 45 spécialistes pour les maladies des yeux et des oreilles, 32 s'occupant d'électrothérapie. Enfin, en Russie, plus de quinze cents femmes pratiquent comme médecins et ont rendu des services signalés, lors de la dernière guerre d'Orient et de la récente épidémie de choléra. Les femmes-médecins sont même appelées à la fonction officielle de « médecin d'arrondissement ».

D. *Alors, la femme-médecin est vraiment utile?*

R. La femme-médecin est utile; car, en raison d'un sentiment de pudeur des plus délicats, beaucoup de femmes seraient heureuses de pouvoir se confier aux soins d'un médecin de leur sexe, dans certains moments critiques de leur existence. Cette observation est si vraie que, cette année même, plus de cinquante mille femmes

---

(1) Bien que les cours des Universités allemandes ne soient pas accessibles aux femmes, un petit nombre de femmes ont été autorisées à exercer la médecine en Allemagne et en Autriche.

Les gouvernements ottoman et japonais ont conféré pour la première fois, en 1893, semblable autorisation à des femmes, munies de diplômes étrangers.

allemandes ont adressé au Reichstag une pétition pour demander que les cours des facultés de médecine soient rendus accessibles aux femmes (1).

D. *Dans certains pays, n'y a-t-il pas nécessité à posséder des femmes-médecins ?*

R. Oui, dans toutes les contrées d'Orient.

D. *Et pourquoi cela ?*

R. Parce que, en Orient et notamment dans l'empire des Indes, qui compte près de cent cinquante millions de femmes, les femmes ne peuvent avoir ni relation ni contact avec un homme qui n'est pas de leur famille. Les préceptes de la religion et les préjugés de la race hindoue contraignent le sexe féminin à se passer des soins médicaux des hommes. Jusqu'ici, les malheureuses Hindoues se trouvaient livrées sans remède aux maladies et à la souffrance.

D. *En est-il encore ainsi à présent ?*

R. Non, heureusement, il n'en est plus ainsi. Le 18 août 1885, une femme anglaise a créé l'association destinée à donner aux femmes de l'Inde des soins médicaux féminins. En huit ans, cette association a recueilli des millions ; s'est assuré une rente de près de neuf cent mille francs ; a créé cinquante-sept hôpitaux et dispensaires féminins ; fondé onze écoles de médecine à l'usage exclusif des jeunes filles ; donné l'enseignement à des centaines d'étudiantes ; soigné et guéri des milliers de malades. On pourra juger de l'utilité et du succès de cette œuvre par le nombre croissant des femmes qui réclament aux hôpitaux féminins les soins médicaux.

---

(1) Cette pétition qui forme un volume de 2,458 pages, a été discutée au Reichstag, le 23 février 1893.

L'œuvre a soigné, en 1889, 280.694 femmes ;
»   »   1890, 411.691   »
»   »   1891, 466.178   »
»   »   1892, 515.536   »

D. *Quelle est la femme admirable qui, par son initiative et la bonté de son cœur, a créé cette œuvre gigantesque?*

R. Cette femme, héroïne de la charité, est la marquise de Dufferin, femme de l'ancien vice-roi des Indes, aujourd'hui ambassadeur du Royaume-Uni à Paris.

QUATORZIÈME LEÇON.

La Femme-Avocat.

D. *Est-il vrai que les féministes veulent que toutes les femmes soient avocats?*

R. Aucunement. Ils demandent simplement que le barreau soit accessible à tous ceux qui présentent de suffisantes garanties de capacité et de moralité. Si une femme possède la vocation du droit, si elle a terminé toutes ses études juridiques et conquis vaillamment le diplôme de docteur, ils revendiquent pour elle le droit de faire usage de son diplôme et de pratiquer au barreau sous les mêmes conditions et au même titre que les autres diplômés.

D. *Des femmes ont-elles plaidé jadis?*

R. Parfaitement. Jadis, à Athènes, la célèbre Aspasie, qui enseigna l'éloquence à Périclès, plaida sa cause devant l'assemblée du peuple, et elle fut acquittée.

D. *A Rome, la femme n'a-t-elle pas été écartée du Forum?*

R. L'histoire a conservé la mention de deux femmes courageuses qui s'illustrèrent au Forum romain : Amésia Sentia et Hortensia, fille de Q. Hortensius, le plus réputé des orateurs rivaux de Cicéron. Plus tard, il est vrai, une certaine Caïa Afrania, femme du sénateur Licinius Buccion, par sa loquacité et son effronterie, se rendit insupportable au prétoire. Défense lui fut faite de parler désormais en public.

D. *N'y a-t-il pas eu, en Italie, des femmes célèbres dans le domaine du droit?*

R. Oui, à partir de la Renaissance, plusieurs femmes se signalèrent par leur penchant pour les études juridiques. Ainsi, au douzième siècle, Dotta, fille d'Accurse, l'un des plus fameux glossateurs, fut professeur de droit à Bologne. Au quatorzième siècle, Bettina et Novella d'Andrea, filles de Jean d'André, le plus célèbre processualiste du moyen âge. De même, Jeanne Bianchetti et Madeleine Buonsignori. Au dix-huitième siècle, la Florentine Bettina Calderini et la Bolonaise Bettisia Gozzadini furent professeurs à Bologne, l'une de droit civil, l'autre de droit canonique. A la même époque, Novella de Bologne enseignait le droit à l'université de Padoue.

Enfin, dans une période plus récente, l'Italie a compté d'autres femmes, savantes jurisconsultes : la Romaine Maria Pizzelli, les Bolonaises Maria Delfini Dosi, Maria Pelegrini Amoretti et Madeleine Noé Canedi.

D. *En France, a-t-on autorisé des femmes à plaider?*

R. Parfaitement. Au XVIIe siècle, M. de Corberon, procureur général au Parlement de Metz, émit l'avis que les femmes étaient capables de recevoir une procuration pour plaider.

La marquise de Créqui, femme de grand esprit, reçut l'autorisation de présenter elle-même sa défense. Et, en 1807, Mlle Legracieux de Lacoste plaida devant la Cour de cassation de France.

D. *Aujourd'hui, en Europe, le barreau est-il accessible aux femmes?*

R. Non. Les autorités russes, les hautes juridictions d'Italie, de Suisse, de Danemark, de Belgique et de Roumanie ont successivement repoussé la requête des femmes, tendante à leur admission au barreau (1).

D. *Y a-t-il des motifs plausibles pour écarter les femmes du barreau?*

R. Non, il n'y en a aucun. A l'appui de leurs arrêts, les Cours ne sont parvenues à invoquer que des prétextes. La Cour de Turin a parlé de la mode et du droit romain; la Cour de Bruxelles a parlé du mariage....

D. *Veuillez ne pas plaisanter! Nous parlons sérieusement, je l'espère?*

R. Voici textuellement un passage de l'arrêt de la Cour de Turin :

« Attendu que, après ce qui a été dit jusqu'ici, il n'est pas besoin de mentionner même le risque que pourrait courir la gravité des procès, si, pour ne rien dire d'autre, on voyait parfois la toge recouvrant des habillements étranges et bizarres que souvent la mode impose aux femmes, ou la toque placée sur des coiffures non moins extravagantes.... »

---

(1) Russie, Oukase du 7 janvier 1876. — Italie, Cour de Turin, 14 novembre 1883; Cassation Turin, 8 mai 1884. — Suisse, Tribunal du 2e arrondissement de Zurich, 24 novembre 1886; Tribunal fédéral suisse, 29 janvier 1887. — Danemark, Cour suprême, 9 octobre 1888. — Belgique, Cour de Bruxelles, 12 décembre 1888; Cassation belge, 11 novembre 1889.

Cette plaisanterie aurait pu s'étaler dans la préface de quelque ouvrage dramatique, mais était assurément indigne de figurer dans un arrêt de justice.

D. *La Cour de Bruxelles, disiez-vous, a invoqué contre la femme-avocat l'obligation du mariage ?*

R. Parfaitement. D'après la Cour de Bruxelles, « les exigences et les sujétions de la maternité, l'éducation que la femme doit à ses enfants, la direction du ménage confiée à ses soins, la placent dans des conditions peu conciliables avec les devoirs de la profession d'avocat. »

D. *Ce considérant me paraît très juste. Je me demande ce que vous y trouvez à redire ?*

R. J'y trouve à redire ceci : D'après la Cour de Bruxelles, la femme doit se marier. Si c'est là un principe de haute morale que la Cour a entendu affirmer, d'accord, nous reconnaîtrons avec elle qu'en principe il serait bon, utile, heureux même que toute femme pût se créer un foyer et y remplir les devoirs sacrés de sa mission spéciale. Mais, en fait — et c'est là le seul point dont la Cour aurait dû se préoccuper, — toutes les femmes ne se marient pas. Nous avons, en Belgique, 1.418.617 femmes âgées de plus de vingt-cinq ans : 875.561 sont mariées, tandis que 543.056 se trouvent hors mariage.

D. *Où voulez-vous en venir ?*

R. A ceci. La Cour de Bruxelles a raisonné comme si notre législation avait consacré le principe chinois du mariage obligatoire. D'après elle, ces 543.056 femmes n'ont qu'à se marier. C'est fort bien. Mais l'ironie de cette facétieuse argumentation, c'est que précisément l'honorable procureur général qui a requis, le premier avocat général qui l'a assisté et le conseiller rapporteur, étaient d'inamovibles célibataires...

D. *Y a-t-il des pays où la femme est admise au barreau ?*

R. Oui. La femme exerce la profession d'avocat au Chili, dans le royaume d'Hawaï et aux États-Unis.

D. *Au Chili ?*

R. Oui. Mlles Léodice Lebrun et Mathilde Thrup sont avocats et plaident à Santiago.

D. *Dans le royaume d'Hawaï, dites-vous ?*

R. Certainement. Miss Almeda Hitchcock, graduée de l'université de Michigan, plaide à Hilo, depuis 1889. Le royaume d'Hawaï s'est montré plus avancé que notre pays.

D. *Et aux États-Unis ?*

R. Jusqu'à présent, vingt-quatre États de l'Union et le district de Colombie ont autorisé les femmes à exercer la plaidoirie.

D. *Citez ces États !*

R. Ces États sont ceux de : Californie, Caroline du Nord, Connecticut, Illinois, Indiana, Iowa, Kansas, Maine, Massachusetts, Michigan, Minnesota, Missouri, Montana, Nebraska, Nevada, New-Hampshire, New-York, Ohio, Oregon, Pennsylvanie, Utah, Washington (État de), Wisconsin, Wyoming.

D. *Les femmes peuvent-elles plaider devant la juridiction suprême des États-Unis ?*

R. Elles le peuvent. La loi du 15 février 1879, votée par le congrès fédéral des États-Unis, déclare que toute femme qui aura plaidé à la barre de la plus haute Cour d'un État, d'un Territoire ou du district de Colombie, pendant l'espace de trois ans, et qui aura mérité l'estime de la Cour, par sa capacité ou par son caractère, pourra être admise à pratiquer devant la Cour suprême des États-Unis.

D. *Y a-t-il beaucoup de femmes-avocats aux États-Unis?*

R. Jusqu'ici, huit femmes ont obtenu leur inscription au barreau de la Cour suprême des États-Unis, et cent vingt femmes, inscrites au tableau des avocats, ont été admises à plaider devant les tribunaux américains.

D. *Qu'auraient dû faire les Cours d'Europe?*

R. Il leur aurait fallu accueillir la demande des femmes-avocats. Au lieu de s'en tenir aux règles étroites du droit romain et à la tradition d'un formalisme suranné, elles auraient dû s'inspirer des lois américaines, suivre et seconder le progrès incessant des idées et des mœurs (1).

QUINZIÈME LEÇON.

La Femme-Fonctionnaire.

D. *La femme peut-elle devenir fonctionnaire public?*

R. En règle générale, elle ne le peut pas. De l'esprit du droit constitutionnel, semble résulter le principe de l'exclusion des femmes de toutes les fonctions publiques.

D. *Cette exclusion est-elle rationnelle?*

R. Au contraire, elle est souverainement déraisonnable.

D. *Pourriez-vous le prouver?*

R. Rien n'est plus aisé. En effet, pour justifier l'ex-

---

(1) Notre ouvrage, *La Femme-Avocat*, (Bruxelles, Larcier, 1888), contient un exposé historique et critique complet de la question.

clusion des femmes des fonctions publiques, il faudrait établir, d'abord, que nulle femme au monde n'est propre à ces fonctions ; puis, que les femmes les plus éminentes sont inférieures par les qualités de l'esprit à l'homme le plus médiocre à qui ces fonctions sont maintenant dévolues.

D. *Est-il conforme à l'intérêt général de refuser aux femmes l'admissibilité aux fonctions publiques ?*

R. Nullement. C'est une tyrannie envers les femmes et un dommage pour la société que de ne pas leur permettre de concourir avec les hommes pour l'exercice de ces fonctions.

D. *La société en subit-elle réellement un dommage ?*

R. Oui ; car elle n'a pas à sa disposition un si grand excès d'hommes propres à toutes les fonctions qu'elle soit en droit de rejeter les services d'une femme compétente. Elle n'est pas si riche en talents et en intelligence qu'elle puisse se passer de la moitié de l'espèce humaine.

D. *Est-il juste d'écarter les femmes des fonctions publiques ?*

R. Aucunement. La femme, comme tout être humain, doit avoir le droit de choisir librement ses occupations, suivant ses préférences et sa vocation. De plus, il est inique de refuser systématiquement à tout un sexe la part de fonctions, d'honneurs et de distinctions qui lui revient.

D. *L'exclusion des femmes des fonctions publiques a-t-elle été maintenue dans tous les pays d'une manière absolue ?*

R. Non. Le législateur de plusieurs États a suivi le courant du progrès et reconnu aux femmes le droit d'occuper certains offices publics.

D. *Citez-moi quelques-uns de ces offices publics accessibles aux femmes!*

R. Dans l'Alabama, le Dakota du Nord, l'Ohio, le Rhode-Island, le Tennessee, le Wisconsin, les femmes peuvent occuper les fonctions de notaire. En Californie, dans l'Illinois et au Wyoming, aucune personne, pour raison de sexe, ne peut être exclue d'une occupation, profession ou emploi, sauf les emplois militaires. Dans le Maine, la loi autorise le gouverneur de l'État à nommer les femmes officiers de l'état civil. Au Kansas, en vertu de la loi du 15 février 1887, les femmes sont éligibles à toutes les fonctions municipales, et, dans cet État, une douzaine de femmes ont été élevées à la dignité de maire. Dans le Massachusetts, une série de lois spéciales ont rendu accessibles au sexe féminin de nombreuses fonctions publiques. Les femmes peuvent y devenir membres des conseils des prisons, administrateurs des écoles de réforme, des hospices, des maisons de refuge, des asiles d'aliénés, des établissements charitables, etc.

D. *N'existe-t-il pas aux États-Unis des jurys mixtes?*

R. Oui, dans l'État de Wyoming, en vertu des lois des 7 et 10 décembre 1869, fonctionnent les jurys mixtes, composés d'hommes et de femmes. D'après le témoignage de M. le juge John Kingman, conseiller à la Cour suprême des États-Unis, la participation des femmes à l'application des lois a donné des résultats excellents.

D. *Qu'entendez-vous par « police matrons » ?*

R. Les « police matrons » sont des femmes, chargées d'un service spécial de police ; elles jouissent du même traitement que les policemen et sont soumises à la même autorité. Le service des « police matrons » fonctionne dans cinq États de l'Union : le Kansas, le

Massachusetts, le New-Hampshire, l'État de New-York et le Rhode-Island.

D. *En France, y a-t-il certaines fonctions réservées aux femmes?*

R. Oui, le nombre de ces fonctions devient chaque jour plus considérable. Des femmes occupent les fonctions d'institutrices des écoles primaires de filles ; d'autres sont nommées directrices des salles d'asile, professeurs des lycées de jeunes filles, professeurs au Conservatoire de musique, inspectrices de l'enseignement primaire, etc.

D. *Et ailleurs?*

R. En Suède, où la religion luthérienne est religion d'État, les femmes sont autorisées à remplir l'office de sacristain et d'organiste. Aux Parlements suédois, norvégien et danois, comme d'ailleurs dans les départements ministériels aux États-Unis, des femmes remplissent l'office de sténographe. En Finlande, elles sont admises dans les banques publiques et le caissier adjoint de la Banque de l'État finlandais est une femme.

D. *N'y a-t-il pas une carrière qui semble convenir particulièrement aux femmes?*

R. Oui, c'est la carrière de l'enseignement primaire. La douceur des femmes, leurs facultés affectives, leurs manières bienveillantes, exemptes de brutalité et de rudesse, leur caractère plus patient, toutes ces dispositions particulières assignent à nos compagnes le rôle d'élever l'enfance, d'inculquer aux enfants les premières leçons, de façonner leur jeune esprit, de former leur cœur et leur caractère.

D. *Connaissez-vous des pays qui aient accompli cette réforme?*

R. Oui, en Angleterre et aux États-Unis, l'enseigne-

-ment primaire de tous les enfants, garçons et filles, est presque entièrement confié aux femmes.

D. *En est-il ainsi partout?*

R. Non. Le tableau suivant permettra de juger la part faite aux hommes et aux femmes dans le domaine de l'enseignement primaire, chez les principaux peuples.

STATISTIQUE PROPORTIONNELLE DES INSTITUTEURS & DES INSTITUTRICES

PAYS	Personnel enseignant	Nombre des Instituteurs	Nombre des Institutrices	Proportion pour cent des	
				Instituteurs	Institutrices
Angleterre	195.021	50.628	144.393	26	74
États-Unis	228.310	73.335	154.975	32	68
Suède	12.744	5.060	7.684	40	60
Italie	79.795	32.908	46.887	41	59
France	152.601	85.586	67.015	56	44
Belgique	11.795	6.627	5.168	56	44
Suisse	9.920	6.196	3.724	62	38
Espagne	39.136	24.646	14.490	62	38
Hollande	16.401	11.907	4.494	73	27
Autriche	55.929	41.120	14.809	74	26
Allemagne	133.782	120.032	13.750	90	10

D. *Depuis combien d'années la carrière de l'enseignement est-elle ouverte aux femmes?*

R. Depuis quarante ans à peine. La première école normale de jeunes filles a été créée à Boston, aux États-Unis, en 1853.

SEIZIÈME LEÇON.

La Femme dans les Emplois publics.

D. *Est-il juste que les femmes aient accès aux emplois bureaucratiques ?*

R. Oui ; car il ne serait ni équitable ni même honnête que l'homme, qui seul fait les lois, poussât l'égoïsme et la tyrannie jusqu'à prétendre au monopole exclusif de toutes les carrières, de tous les emplois.

D. *La mission de la femme au foyer n'est-elle pas inconciliable avec les exigences d'un emploi bureaucratique ?*

R. Je le répète, toutes les femmes ne se marient pas. Celles qu'aucun mari ne protège, doivent vivre, se nourrir et gagner leur pain. Interdire aux femmes d'occuper certains emplois honorables, c'est non pas les renvoyer à la famille, mais les envoyer au désordre et ne leur laisser d'autre ressource que la prostitution.

D. *Que deviendront les hommes, si l'on accorde* **tous** *les emplois aux femmes ?*

R. Il ne s'agit pas de concéder aux femmes **tous** les emplois ni d'exproprier le sexe masculin au profit de l'autre sexe. Ce que nous nous bornons à demander, c'est que l'État assure du travail *à des* femmes célibataires ou veuves qui, privées de l'assistance ou des secours de l'homme, doivent par elles-mêmes subvenir à leurs besoins.

D. *Quelles occupations bureaucratiques devra-t-on de préférence réserver au personnel féminin ?*

R. L'État devra confier aux femmes toutes les occupations qui exigent de l'ordre, des soins minutieux, une ponctualité très grande. Ces fonctions-là conviennent particulièrement au caractère de la femme.

D. *L'admission des femmes dans les services bureaucratiques ne pourrait-elle pas nuire à l'avancement du personnel masculin?*

R. Aucunement ; car la très grande majorité des femmes préférera n'occuper que des emplois inférieurs, n'exigeant aucune initiative et n'imposant aucune responsabilité. Il en résultera moins de concurrence pour les promotions, et les employés auront ainsi d'autant plus de chances de parvenir aux emplois supérieurs.

D. *Les administrations elles-mêmes trouvent-elles quelque intérêt dans l'emploi des femmes?*

R. Elles y trouvent un grand intérêt d'économie. En Russie et en France, elles sont parvenues à réaliser trente à quarante pour cent d'économie sur les traitements. Cette différence pourrait servir à augmenter d'autant les traitements des employés mariés et pères de famille.

D. *Beaucoup de nations ont-elles autorisé l'admission des femmes dans les services publics?*

R. La plupart des nations ont réalisé cette réforme.

D. *Veuillez préciser!*

R. En France, une délibération du Conseil des Postes, du 17 vendémiaire an XIII, a autorisé l'emploi des femmes dans le service des postes. Cet exemple fut suivi par l'Angleterre, dès 1837; en Norvège, dès 1857; en Suède, depuis 1860; aux États-Unis, en 1862; en Finlande, dès 1864; en Suisse, à dater de 1870; en Autriche et en Hongrie, à partir de 1871; en Italie, depuis 1873; en Belgique, depuis 1877; en Hollande, à partir de 1878; en Espagne, depuis 1884; en Danemark, depuis 1889; au Brésil, depuis 1890.

D. *Dans tous ces pays, le nombre des femmes employées est-il considérable?*

R. Oui, il est des plus considérables. Ainsi, en France, les femmes sont au nombre de 8.128 dans l'administration des postes et télégraphes. Le service des femmes est fait dans des conditions si satisfaisantes que le Conseil des Postes a décidé de substituer les femmes aux hommes dans le plus grand nombre d'emplois possible. Au 1er janvier 1893, les six grandes compagnies de chemins de fer et l'État français employaient 24.080 femmes.

D. *En est-il de même en Angleterre?*

R. Sans doute. En voici la preuve. Si l'on défalque les 22.902 facteurs, on constate que, sur un personnel de 102.860 fonctionnaires, employés et auxiliaires, le Post Office du Royaume-Uni occupe 76.940 hommes et 25.920 femmes, soit plus du quart des emplois réservés aux femmes (25.21 p. % des emplois).

D. *Et aux États-Unis?*

R. Aux États-Unis, l'act fédéral du 12 juillet 1870 a supprimé toute distinction de sexe dans l'octroi et la rémunération des services bureaucratiques.

Les femmes ont pris pied dans tous les départements ministériels. Ainsi, à Washington, capitale fédérale, l'administration centrale occupe 23.144 employés et fonctionnaires, dont

Hommes 17.039
Femmes 6.105
Total 23.144

D. *Connaissez-vous, en Europe, des nations qui aient généralisé l'emploi des femmes?*

R. Oui. Je citerai notamment la Suède, la Hongrie et la Russie. L'administration suédoise des chemins de fer, postes et télégraphes possède un personnel féminin de 851 agents. Le service des télégraphes de Suède occupe 459 femmes et 252 hommes seulement.

D. *La Hongrie emploie grand nombre de femmes, dites-vous?...*

R. L'emploi des femmes a pris une grande extension dans l'administration hongroise. Le service des postes de ce pays est assuré par 7.713 hommes (y compris les facteurs) et par 2.267 femmes. L'administration hongroise a conféré aux femmes 22.71 p. % des emplois.

D. *Et en Russie?*

R. Dans l'empire moscovite, une décision du Conseil des Ministres, en date du 20 novembre 1864 et différents oukases ont réglementé l'emploi des femmes dans les postes et télégraphes. Les dames télégraphistes, aujourd'hui au nombre de 874, portent l'uniforme de service. L'oukase du 17 novembre 1889 a admis les femmes dans l'administration des chemins de fer, et a décidé que le cinquième des emplois serait réservé aux agents féminins.

D. *Les administrateurs compétents sont-ils favorables à l'emploi des femmes dans les services publics?*

R. Incontestablement oui. Ainsi, au Congrès international des chemins de fer, qui se tint à Milan, en septembre 1887, fut discutée la question de l'emploi des femmes. A ce congrès prirent part les délégués de vingt gouvernements, de treize administrations d'État, ainsi que les représentants officiels de soixante-quinze administrations, étendant leur action sur cent cinquante mille kilomètres. Eh bien ! après une longue discussion et après s'être entouré de tous les éléments d'informations, le Congrès vota à la quasi-unanimité le vœu suivant, dans sa séance plénière du 23 septembre 1887 :

« L'expérience de nombreuses administrations de chemins de fer démontre que les femmes peuvent être admises avec avantage dans la plupart des services, notamment pour le gardiennage des passages à niveau, la manœuvre de certains signaux, dans le service de la statistique, de la comptabilité et même dans la gestion des petites stations. »

D. *Cette opinion favorable est-elle partagée par les ministres et par les chefs de service?*

R. Dans une enquête récente sur l'emploi des femmes, d'une voix unanime, les ministres et les chefs de service de toutes les nations civilisées ont reconnu que « le travail des femmes dans leurs administrations avait toujours été accompli dans les conditions les plus satisfaisantes, et n'avait jamais donné lieu à aucune critique spéciale (1). »

D. *N'y a-t-il pas cependant un pays au monde où l'administration se montre hostile à l'emploi des femmes?*

R. Oui, ce pays existe.

D. *Nommez ce pays!*

R. Je suis désolé de devoir nommer la Belgique.

D. *Est-il vrai que l'expérience ait donné en Belgique des résultats défavorables?*

R. C'est absolument faux. Le ministre belge ne peut parler d'expérience défavorable ; car, dès l'instant de son

---

(1) Les résultats de cette enquête sont consignés dans notre ouvrage : *La Femme dans les Emplois publics*, Bruxelles, Rozez, 1893.

arrivée au pouvoir, en juin 1884, il a refusé systématiquement toute admission d'agents féminins dans ses services. Depuis 1884 jusqu'à ce jour, durant dix années de gouvernement réactionnaire, aucune femme n'a obtenu d'emploi dans les cadres de l'administration belge. Cette constatation prouve le parti pris évident du ministre. D'ailleurs, jamais aucun homme de bon sens n'admettra qu'une réforme, entreprise d'une manière consciencieuse et impartiale à l'étranger, ait donné partout des résultats excellents ; que, dans un seul pays, cette même réforme ait réellement abouti à un échec piteux. Jamais, on ne fera croire que les administrations du monde entier, qui se félicitent du service des femmes, aient toutes tort ; qu'unanimement elles se trompent ; qu'il n'y a sur la surface du globe qu'un seul administrateur de talent et de bon sens, qui ait raison ; et que cet administrateur incomparable et unique soit précisément.... le ministre belge, M. Vandenpeereboom.

DIX-SEPTIÈME LEÇON.

La Femme et le Droit de travailler.

D. Faut-il reconnaître aux femmes le droit de travailler?

R. Sans aucun doute. La logique et l'humanité font une loi de respecter le travail des femmes. Au même titre que l'homme, la femme a le droit de gagner le pain nécessaire à sa subsistance.

D. A partir de quelle époque a-t-on commencé à protéger et à favoriser le travail féminin?

R. A partir du quatorzième siècle. Édouard III, roi d'Angleterre, ordonna aux hommes de laisser aux femmes la quenouille et le fuseau. Puis, le roi de France, Louis XIV, sous l'influence de Colbert, essaya d'enlever à la corporation des tailleurs le privilège de faire les robes de femmes. Plus tard, sous Louis XVI, Turgot affirma les vrais principes économiques et fit reconnaître à tout être humain le droit de travailler. Aujourd'hui, plusieurs États de la Grande République américaine, la Californie, l'Illinois, l'État de Washington et le Wyoming, proclament, dans leurs Constitutions ou dans leurs lois, l'égalité des sexes devant le travail (sex no disqualification from pursuing labor or from employment).

D. Le nombre des femmes qui travaillent est-il considérable?

R. Ce nombre augmente chaque jour dans une forte proportion. La statistique des professions montre que la part prise par la femme à la vie économique tend partout à se développer plutôt qu'à décroître.

D. *Quelle est, en général, l'importance de l'activité féminine dans le mouvement économique, chez les principaux peuples ?*

R. La part de chaque sexe dans la répartition de la production est ainsi établie :

PAYS	SUR 100 TRAVAILLEURS COMBIEN D'HOMMES ET DE FEMMES ?	
	Hommes	Femmes
Italie	59	41
Pologne russe	63	37
Angleterre	70	30
Belgique	70	30
France	70	30
Russie	73	27
Allemagne	75	25
États-Unis	82	18

C'est donc aux États-Unis où la femme est le mieux protégée, où elle possède le plus de droits que l'on abuse le moins du travail féminin. Il n'est pas de nation européenne où l'on trouve une proportion aussi élevée de femmes pouvant se consacrer exclusivement aux soins du ménage et aux intérêts de la famille.

D. *Ne serait-il pas désirable que la femme restât la gardienne vigilante du foyer domestique et l'éducatrice des enfants ?*

R. Malheureusement, grand nombre de femmes doivent travailler. Beaucoup ont à leur charge des vieillards, des parents infirmes, ou des enfants « naturels » abandonnés de leur père, avec la complicité de la loi. D'autres travaillent, parce que leur mari est ivrogne, paresseux, malade ou infirme, ou bien encore parce que le salaire de celui-ci est insuffisant pour subvenir aux frais du ménage. Croyez-le bien, ce n'est point pour leur plaisir que toutes ces femmes courageuses travaillent, luttent et peinent.

D. *En interdisant aux femmes de travailler, quel résultat obtiendrait-on ?*

R. L'effet de cette interdiction criminelle serait de favoriser la débauche. La statistique en fait foi. A Paris, sur trois mille filles perdues, quatorze cents avaient faim.... (1)

D. *Alors, il faut respecter le travail féminin ?*

R. Oui ; car la ressource du travail est une propriété commune à l'humanité entière. D'autre part, plus on étendra la sphère des occupations honorables accessibles aux femmes, plus le champ du vice sera rendu restreint.

D. *Dans certaines industries, les ouvriers ne s'opposent-ils pas à l'admission des femmes ?*

R. Oui, beaucoup d'ouvriers redoutent la concurrence féminine. Ils craignent que le travail féminin ne fasse fléchir le taux des salaires. C'est ainsi que, en 1862, les typographes parisiens réclamèrent l'exclusion perpé-

---

(1) Un grand nombre de socialistes chrétiens croient parvenir à résoudre le problème du travail des femmes, en demandant contre la femme l'interdiction absolue du droit de travailler. Mgr de Ketteler, archevêque de Mayence, l'un des promoteurs du catholicisme social, émit le premier, en 1869, cette opinion, que le pape Léon XIII, dans son Encyclique *Rerum Novarum*, n'a pas cru devoir partager. Néanmoins, la Ligue démocratique de Hollande et le second congrès de la Ligue démocratique (catholique) belge ont émis des vœux pour la suppression du travail des femmes, vœux d'une utopie dangereuse.

tuelle des femmes, de leurs ateliers, basant leur prétention — le devinerait-on; — sur « la loi salique » !

D. *La crainte des ouvriers est-elle fondée?*

R. Souvent, elle l'est.

D. *Comment cela?*

R. Parce que des industriels avides abusent des bras des femmes et en font une arme de concurrence redoutable contre les ouvriers mâles. Grand nombre d'ouvrières reçoivent un salaire insuffisant pour les besoins de la vie, un salaire souvent insignifiant, parfois même dérisoire. Le bon marché qui s'obtient ainsi dans les souffrances et les privations de malheureuses, constitue un trafic honteux qu'on doit sévèrement condamner.

D. *Connaissez-vous quelque moyen capable de porter remède à l'exploitation de l'ouvrière?*

R. Ce remède existe. Il faut proclamer le principe que les services des femmes doivent être rémunérés à leur juste valeur. A identité d'efforts et de peines, à égalité de travail, l'ouvrière doit recevoir la même rétribution que l'homme.

D. *Est-il possible de réaliser ce principe?*

R. Incontestablement. L'État doit d'abord prêcher d'exemple et remplir le rôle de patron modèle. Dans les administrations, dans les régies, dans l'enseignement, il doit accorder aux femmes employées les mêmes émoluments qu'aux hommes. Ce principe est inséré dans la législation de l'État de Wyoming, en ce qui concerne le traitement des institutrices.

D. *Que doivent faire les ouvrières?*

R. Les ouvrières doivent suivre l'exemple de leurs sœurs d'Amérique et d'Angleterre. Aux États-Unis, les femmes, affiliées aux groupes des « Chevaliers du Travail », exigent pour leur labeur un salaire égal à celui de l'homme. De même, en Angleterre, environ 88.000 ouvrières sont aujourd'hui enrôlées dans les « Trade-Unions » et reçoivent le même salaire que les ouvriers (1). De cette manière, à travail égal le salaire étant égal, les femmes ne causent aucun préjudice à leurs compagnons.

DIX-HUITIÈME LEÇON.

La Réglementation du Travail des Femmes.

D. *L'État a-t-il le droit de réglementer le travail des femmes?*

R. Oui, l'État en a le droit. Il en a même le devoir, car sa mission est de défendre les faibles contre l'exploitation des forts. La loi protège le travail des chiens. Pourquoi ne pourrait-elle pas étendre sa bienfaisante assistance pour assurer la protection du travail des enfants et des femmes?...

D. *Quel doit être le caractère de la réglementation du travail des femmes?*

R. Cette réglementation ayant pour but d'améliorer les conditions du travail féminin, doit être protectrice et non oppressive.

D. *La réglementation ne porte-t-elle pas atteinte à la liberté des femmes?*

R. La véritable liberté des femmes n'a rien à voir ici. Il s'agit simplement d'empêcher l'oppression d'un sexe,

---

(1) En Angleterre, les Trade-Unions féminines, constituées depuis 1874 par Mme Paterson, forment en ce moment vingt-neuf Unions, comprenant 5,116 membres. Les Trade-Unions mixtes, composées d'hommes et de femmes, comptent aujourd'hui 82,362 ouvrières.

le sacrifice de ses intérêts, de sa santé, de sa moralité ; il s'agit de veiller à la conservation de la race. Dans un tel cas, le droit social prime le droit individuel de la femme.

D. *La réglementation du travail des femmes n'a-t-elle pas eu d'effet sur les conditions du travail des hommes ?*

R. Incontestablement. Non seulement la réglementation du travail féminin a eu l'heureux effet d'améliorer les conditions du travail des femmes au point de vue hygiénique, économique et moral, mais elle a eu encore l'excellent résultat de réagir sur les conditions du travail des hommes, de limiter la durée de leur travail et d'augmenter leurs salaires.

D. *La journée de travail de certaines ouvrières n'est-elle pas excessive ?*

R. Oui. Les enquêtes faites en Angleterre et en France ont établi que certaines femmes avaient des journées de 22 heures ; pour des journées de 16 heures, des ouvrières recevaient un salaire inférieur à un franc.

D. *Certaines législations limitent-elles la durée de la journée de travail des femmes ?*

R. Oui, les législations d'Allemagne, d'Autriche, de France, de l'Inde anglaise, des Pays-Bas, de Suisse, de la Géorgie (États-Unis), ont décrété que la journée de travail des filles et des femmes ne peut dépasser **onze** (**11**) heures sur vingt-quatre.

Aux États-Unis, dans les États de Connecticut, Dakota du Nord, Dakota du Sud, Floride, Louisiane, Maine, Maryland, Massachusetts, Michigan, Minnesota, Nebraska, New-Hampshire, Pennsylvanie, Rhode-Island, Virginie, soit dans quinze États de l'Union, il est interdit d'imposer aux femmes plus de **dix** (**10**) heures de travail. Au Texas, la journée légale de travail est de **neuf** (9) heures.

D. *Que veulent les féministes ?*

R. Que l'ouvrière ne doive pas travailler à l'atelier ou à la fabrique plus de **huit** (8) heures par jour.

Aujourd'hui déjà, douze États de l'Union américaine, les États de Alabama, Californie, Connecticut, Idaho, Illinois, Indiana, Missouri, New-York, Ohio, Pennsylvanie, Wisconsin, Wyoming ; de même, le gouvernement des États-Unis pour tous les services fédéraux, ainsi que les colonies australiennes ont fixé à **huit** (8) heures la durée de la journée légale de travail. L'administration anglaise (le Post Office) qui emploie 25.928 femmes, a donné un grand exemple. Ses règlements ont décrété que la journée des employées des postes et télégraphes du Royaume-Uni ne peut excéder **sept** (7) heures de service effectif.

D. *La loi ne doit-elle pas prescrire certains repos en faveur de l'ouvrière ?*

R. Évidemment. Il faut à cet égard s'inspirer de l'expérience réalisée à l'étranger. Ainsi, en Angleterre, la loi prescrit d'accorder chaque jour à l'ouvrière deux heures de repos, dont une heure au moins pour le repas de midi. La loi anglaise interdit de faire travailler une femme durant quatre heures et demie consécutives sans un intervalle d'au moins une demi-heure. D'après les lois allemande et française, les heures de travail des ouvrières doivent être séparées par un repos d'une heure au moins. On trouve des dispositions à peu près analogues (sur le *meal time*) dans les législations du Massachusetts, du New-Hampshire et de la Pennsylvanie. Enfin, suivant les législations allemande et suisse, les ouvrières mariées ou qui ont un ménage à soigner, doivent être autorisées à quitter la fabrique ou l'atelier une demi-heure avant le repas de midi.

D. *Connaissez-vous des pays qui aient interdit à toutes les femmes le travail de nuit?*

R. Assurément. Ces pays sont l'Allemagne, l'Autriche, la France, les Pays-Bas, le Royaume-Uni, la Russie, la Suisse (1).

D. *Les femmes peuvent-elles être employées aux travaux souterrains des mines, minières, carrières?*

R. Les femmes majeures le peuvent en Belgique.

D. *En est-il ainsi ailleurs?*

R. Non. Les législateurs étrangers se sont montrés plus humains que le législateur belge. Ils n'ont pas permis que la femme aille, à cinq cents pieds sous terre, exposer sa vie dans les travaux des mines. D'un accord unanime, les législations allemande, anglaise, autrichienne, française, luxembourgeoise, suédoise, prohibent l'emploi des femmes dans les travaux souterrains des mines (2).

D. *Faut-il autoriser les femmes à travailler dans les établissements insalubres ou dangereux?*

R. Non. A l'imitation des lois autrichienne, française et néerlandaise, il faut empêcher les femmes de travailler dans de semblables établissements. La loi

---

(1) Les lois allemande, française et russe permettent de lever cette interdiction dans certains cas et sous différentes conditions. Ces dérogations ont pour effet d'affaiblir considérablement la portée humanitaire de l'interdiction du travail de nuit.

(2) Aux Etats-Unis, la prohibition d'employer les femmes aux travaux souterrains n'est inscrite que dans la législation de cinq États (Colorado, Missouri, Pennsylvanie, Virginie Occidentale et Wyoming). Mais, en fait, aucune femme n'a jamais été employée à ces travaux, ce qui est tout à l'honneur des hommes de la République américaine. Tandis que, en Belgique, parmi nos 119,405 ouvriers de charbonnages on compte 8,534 femmes ; aux États-Unis, par contre, les mines ne comptent que 79 femmes employées à côté de 234,149 ouvriers. Et encore, ces 79 femmes travaillent-elles à la surface.

devrait interdire en outre aux femmes les différents genres de travail présentant des causes de danger, ou excédant les forces féminines, ou dangereux pour la moralité. C'est ainsi encore que les législations danoise, hollandaise, new-yorkaise, norvégienne et suisse, interdisent d'employer les femmes au nettoyage, au graissage ou à la manipulation des machines ou moteurs en mouvement, au nettoyage des appareils de transmission, ou à la pose et l'adaptation des cordes ou courroies sur les roues.

D. *Est-il juste que l'ouvrière ait un jour de repos par semaine?*

R. Sans nul doute, il est juste que la femme puisse par un repos hebdomadaire réparer ses forces et passer au foyer quelques heures tranquilles.

D. *Certaines législations prescrivent-elles ce repos?*

R. En France, la loi exige que la femme ne travaille pas plus de six jours par semaine. Ailleurs, en Allemagne, en Autriche, en Hongrie, dans l'Inde anglaise, dans les Pays-Bas, en Portugal, dans le Royaume-Uni et en Suisse, le législateur a interdit de faire travailler les femmes le dimanche.

D. *En est-il de même aux États-Unis?*

R. Parfaitement. Trente-neuf États de l'Union imposent dans leur législation l'obligation absolue du repos du dimanche.

D. *L'État a-t-il le droit d'interdire aux femmes de travailler durant plusieurs semaines avant et après leurs couches?*

R. L'État a ce droit ; car il doit songer à l'avenir de la race. Il a pour devoir d'empêcher qu'aucun abus ne puisse troubler la conservation de l'espèce ni nuire à la santé des femmes et des enfants.

D. *La plupart des États ont-ils, à cet égard, compris leur devoir?*

R. Ils ont cru le comprendre. L'Allemagne, l'Autriche, la Belgique, la Grande-Bretagne, la Hongrie, la Norvège, les Pays-Bas, le Portugal, la Suisse ont décrété pour les femmes en couches une suspension du travail industriel, variant de quatre à huit semaines.

D. *Cette disposition est-elle efficace?*

R. Aucunement. Ce chômage forcé pendant plusieurs semaines, avec perte de salaire, est désastreux pour de nombreuses femmes. Aussi, la plupart cherchent-elles à éluder la loi, en se procurant du travail, aussitôt après leurs couches, dans des fabriques où elles sont inconnues.

D. *Comment empêcher cette transgression de la loi?*

R. Le seul moyen est de décider que les femmes nouvellement accouchées seront assistées comme malades par la caisse de secours contre les maladies, pendant les premiers mois qui suivent leurs couches.

D. *Semblable disposition a-t-elle déjà trouvé place dans la législation de quelques peuples?*

R. Sans doute. Les lois allemande, autrichienne et hongroise sur l'assistance en cas de maladie des ouvriers, portent que les femmes en couches doivent être considérées comme malades et ont droit aux secours médicaux et à l'indemnité pécuniaire de la caisse, pendant les six semaines suivant l'accouchement (1).

---

(1) La Chambre française a voté en première délibération la proposition de loi de M. Brousse et de M. Dron, tendant à interdire le travail industriel aux accouchées pendant un certain temps et à les indemniser de ce chômâge forcé. D'après mes calculs, l'indemnité à accorder à ces ouvrières grèverait le budget français d'une somme annuelle de onze millions de francs environ.

D. *La loi sur le travail industriel des femmes ne devrait-elle pas être étendue aux établissements commerciaux et à tous les ateliers?*

R. Oui, à l'instar des lois néerlandaise et portugaise, la législation du travail doit étendre sa protection à tous les travaux de la femme. Les établissements commerciaux, les ateliers de modes, de couture, les magasins, les boutiques doivent, comme en Hollande et en Portugal, être soumis aux prescriptions de la loi, et placés sous le contrôle des inspecteurs de l'État.

D. *Dans les fabriques et dans les magasins, est-il vrai que la plupart des ouvrières et des employées doivent se tenir debout pour travailler?*

R. C'est vrai. Or, rien n'est plus fatigant ni plus pernicieux pour la santé d'une femme.

D. *Que faut-il faire à cet égard?*

R. Le législateur doit décréter que les chefs d'industrie ou les patrons de maisons de commerce, employant des femmes, seront tenus de fournir à leurs employées des sièges convenables, afin qu'elles puissent s'en servir dans la limite permise par leurs occupations.

D. *Cette disposition légale serait-elle utile?*

R. Elle serait des plus utiles. Les plaintes des ouvrières et des demoiselles de magasin, à Paris comme à Bruxelles, sont générales à cet égard.

D. *Certaines législations ont-elles fait droit à cette réclamation des femmes?*

R. Parfaitement. Dix-sept États de l'Union américaine imposent aux patrons qui emploient des femmes, l'obligation de leur fournir des sièges convenables.

D. *Citez ces États !*

R. Ces dix-sept États sont ceux de Alabama, Californie, Colorado, Delaware, Géorgie, Louisiane, Maryland, Massachusetts, Michigan, Minnesota, Missouri, Nebraska, New-Jersey, New-York, Ohio, Pennsylvanie, Washington.

D. *A qui la loi doit-elle confier l'inspection des ateliers de femmes?*

R. La loi doit confier à des femmes-fonctionnaires l'inspection du travail féminin.

D. *Comment formulera-t-on ce principe?*

R. La loi dira : Dans les industries ou métiers qui emploient exclusivement des femmes, ou dans lesquels la majorité des travailleurs est composée de femmes, l'inspection et la surveillance seront exercées par des inspectrices.

D. *En a-t-il été ainsi jadis?*

R. Oui. Sous l'ancien régime, la surveillance des ateliers d'ouvrières appartenait aux femmes.

D. *Et aujourd'hui?*

R. Aujourd'hui, en Angleterre, aux États-Unis, en France et en Russie, on a confié à des inspectrices le soin de visiter les fabriques et les ateliers et de surveiller l'application des lois sur le travail des femmes.

D. *Et en Belgique?...*

R. Ne rions pas !...

DIX-NEUVIÈME LEÇON.

Le Suffrage professionnel des Femmes.

D. *Qu'est-ce que le droit de suffrage professionnel ?*
R. Le droit de suffrage professionnel est un droit politique restreint et limité. C'est la prérogative réservée à certaines catégories de citoyens de participer à l'élection de juges constituant une juridiction exceptionnelle.

D. *Quelles sont ces juridictions exceptionnelles ?*
R. Ce sont notamment, en France, les conseils départementaux de l'instruction primaire; en France et en Belgique, les tribunaux de commerce; en Allemagne, en Belgique, en France et en Italie, les conseils de prud'hommes; ailleurs, les conseils d'arbitrage et de conciliation et les chambres de travail.

D. *En quoi consistent les attributions des conseils départementaux de l'intruction primaire ?*
R. Les conseils départementaux de l'instruction primaire, institués en France depuis 1886, se composent du préfet, de l'inspecteur d'académie, de quatre conseillers généraux (provinciaux), du directeur et de la directrice des écoles normales d'instituteurs et d'institutrices, de deux instituteurs et de deux institutrices élus. Ces conseils ont des attributions variées et étendues; ils sont compétents en ce qui touche l'organisation des écoles, l'application des méthodes et des programmes, les récompenses, l'avancement, etc. Ils constituent des corps administratifs, consultatifs, pédagogiques et même judiciaires, puisqu'ils statuent au contentieux et peuvent condamner et frapper de peines sévères les délinquants.

D. *Les femmes ont-elles le droit de prendre part à la nomination des membres de ces conseils?*

R. Oui. La loi du 30 octobre 1886 a reconnu aux institutrices françaises le droit de participer à la nomination des membres élus des conseils départementaux de l'instruction primaire, et les a admises à siéger dans ces conseils.

D. *Et quant au conseil supérieur de l'instruction publique?*

R. En vertu de la loi du 27 février 1880, les institutrices et directrices d'écoles prennent part, au même titre que les directeurs et instituteurs, à l'élection des membres élus du conseil supérieur de l'instruction publique; de plus, la loi leur a reconnu le droit d'éligibilité. Pendant de nombreuses années, Mme Pauline Kergomard a siégé comme membre du conseil supérieur.

D. *Les femmes commerçantes sont-elles autorisées, en Belgique et en France, à voter pour la nomination des juges consulaires?*

R. Non. Elles ne le peuvent pas.

D. *Cette exclusion est-elle juste?*

R. Aucunement.

D. *Et pourquoi cela?*

R. Cette exclusion est souverainement injuste; car les femmes qui assument les tracas et les responsabilités du négoce, le font, non par dilettantisme, mais par nécessité. Elles sont contraintes de subvenir à leur existence et à l'entretien de leur famille. Or, les femmes commerçantes ont, de par la loi, des obligations et des charges spéciales, inhérentes à leur qualité de marchandes publiques.

D. *Les commerçantes ont-elles les mêmes devoirs que les commerçants?*

R. Incontestablement. Il est impossible de citer une seule des obligations incombant aux uns, qui ne s'applique également aux autres.

D. *Démontrez-le!*

R. En effet, comme le commerçant, la commerçante paye un impôt spécial, la patente, et est soumise aux dispositions rigoureuses de la loi commerciale en matière d'engagements commerciaux. Elle peut être déclarée en faillite, être poursuivie pour banqueroute frauduleuse. Sa signature et ses actes ont la même valeur et les mêmes conséquences que ceux du commerçant. Les obligations et les charges toutes particulières à la situation des commerçants, sont absolument égales pour les femmes et les hommes exerçant le commerce, sans aucune restriction.

D. *Quelle est votre conclusion?*

R. Ma conclusion est que les commerçantes étant soumises aux mêmes devoirs spéciaux que les commerçants, doivent, elles aussi, jouir des droits spéciaux que la loi confère aux commerçants. Parmi ces droits, celui de nommer les juges spéciaux en matière commerciale, doit être étendu aux commerçantes.

D. *Les femmes commerçantes sont-elles aussi recommandables que les commerçants?*

R. Sans conteste. Les femmes qui prennent la direction et la responsabilité d'un établissement commercial, petit ou grand, se signalent, en général, plus que les hommes, par des qualités d'ordre, d'économie et de probité. Ainsi, à Paris et dans la plupart des villes de province, en France, la proportion des faillites est moins élevée pour les commerçantes que pour les commerçants.

D. *Le Parlement français n'a-t-il pas fini par reconnaître la légitimité de la réclamation des femmes commerçantes ?*

R. Oui ; la Chambre des députés, dans sa séance du 5 juillet 1889, sur le rapport de M. Hubbard, a adopté sans débats la proposition d'étendre aux commerçantes le droit d'élire les membres des tribunaux de commerce.

D. *Le Sénat français a-t-il ratifié ce vote ?*

R. Oui. Par deux fois, le Sénat, sur le rapport de M. Jean Macé, a confirmé l'opinion de la Chambre. Dans sa séance du 19 janvier 1894, le Sénat a voté, par 128 voix contre 83, la disposition accordant l'électorat consulaire aux femmes commerçantes. Puis, en deuxième délibération, il a adopté cette disposition, par 114 voix contre 70 (1). Sous peu, sera enfin promulguée en France la loi établissant l'égalité complète entre les commerçantes et les commerçants.

D. *Est-il équitable de refuser aux femmes, chefs d'industrie ou ouvrières, l'électorat pour les conseils d'arbitrage, pour les conseils de l'industrie et pour les conseils de prud'hommes ?*

R. Ce refus n'est ni équitable ni fondé.

D. *Veuillez en dire la raison !*

R. Les femmes, employées dans l'industrie, sont, de

---

(1) Les Chambres de commerce consultées, à la date du 23 décembre 1889, par M. P. Tirard, alors président du conseil des ministres et ministre du commerce, se sont prononcées en grande majorité contre la réforme. Sur 96 chambres de commerce consultées, 79 ont émis un avis défavorable et 17 seulement un avis favorable. La commission sénatoriale et le Sénat n'ont pas cru, toutefois, devoir s'arrêter aux avis hostiles de la majorité des Chambres de commerce.

même que les hommes, justiciables des conseils de prud'hommes. Pour gagner leur vie, elles remplissent les mêmes devoirs que les hommes. La justice, l'utilité générale commandent d'accorder aux femmes, patronnes ou ouvrières, les mêmes droits, prérogatives et avantages qu'aux hommes, leurs collègues ou compagnons. Il est d'ailleurs un principe fondamental de justice, c'est que l'homme et la femme doivent être mis sur le même pied dans leurs contestations d'intérêts.

D. *N'en est-il pas ainsi aujourd'hui?*

R. Aucunement. Les femmes, chefs d'industrie ou ouvrières, comparaissant ou plaidant devant un conseil de prud'hommes qu'elles n'ont pas élu, sont dans une situation d'infériorité manifeste vis-à-vis des hommes qui ont le droit d'élire ces magistrats. Les juges de tous, du moment qu'ils tiennent leur mandat d'une élection, doivent être élus par tous.

D. *Le nombre des femmes justiciables des conseils de prud'hommes est-il considérable?*

R. Il y a aujourd'hui, en Belgique, environ 554.000 femmes justiciables de ces conseils. Il existe même des industries qui n'emploient que des femmes. Dans les filatures notamment, les femmes forment plus des deux tiers de la population ouvrière, et, dans certaines branches de ces industries, il n'y a, comme ouvriers du sexe masculin, que les contremaîtres, les chauffeurs et les mécaniciens. Il est même certaines professions, l'industrie dentellière, par exemple, où l'on ne trouve que des femmes. Dès lors, est-il fort juste que les ouvrières puissent, au même titre que les ouvriers, exercer la même action morale sur le tribunal de conciliation auquel le législateur les soumet.

D. *Les femmes, chefs d'industrie ou ouvrières, ont-elles un intérêt réel à posséder le droit de nommer les conseillers prud'hommes ?*

R. Oui ; elles y ont le plus grand intérêt.

D. *Montrez cet intérêt !*

R. Prenons un exemple : le Conseil des Tissus, à Paris. Dans la seule année 1891, le total des affaires jugées par ce Conseil, a été de 3.853, dont 1.674 concernant exclusivement les femmes (soit 43 p. %).

Le relevé de l'année 1892 indique que le nombre des affaires jugées par le Conseil, dans le cours de cette année, a été de 4.090, dont 1.892 contestations féminines ; soit 46 p. % de différends relatifs au travail féminin.

Classées par groupes de métiers, ces 1.892 contestations féminines se décomposent ainsi : brodeuses, 167 ; confectionneuses, 271 ; couturières, 877 ; fleuristes, 144 ; lingères, 81 ; modistes, 171 ; industries diverses, 181.

Puisque, dans certaines branches d'industrie, quarante à cinquante pour cent des contestations sont exclusivement féminines, il est profondément inique de refuser aux femmes, ouvrières ou chefs d'industrie, le droit de participer à la nomination des conseillers prud'hommes, c'est-à-dire des juges du travail.

D. *Sous l'ancien régime, les femmes n'avaient-elles pas le droit qu'on leur conteste aujourd'hui ?*

R. Oui ; jadis, sous l'ancien régime, l'usage fut plus favorable aux femmes que notre législation contemporaine. Les « preude-femmes » étaient chargées de trancher les contestations relatives au travail des femmes.

D. *Y a-t-il des pays qui aient restitué aux femmes ce droit indiscutable ?*

R. En Allemagne, dans certaines villes, à Nuremberg

notamment, fonctionnent des tribunaux arbitraux, ayant pour mission de régler les différends entre patrons et ouvriers. L'électorat y est reconnu aux femmes. De même, en Hollande, les bureaux de la seconde Chambre se sont déclarés partisans de l'électorat des femmes pour les « Chambres de Travail », qui seront prochainement instituées.

D. *Et en France?*

R. La Chambre des députés de France a voté, dans sa séance du 10 mars 1892, par 283 voix contre 231, soit à une majorité de 52 voix, le principe de l'électorat des femmes pour les Conseils de prud'hommes. Dans un second vote, elle a repoussé, par 345 voix contre 132 le principe de l'éligibilité des femmes auxdits conseils.

D. *Ce principe est-il admis ailleurs?*

R. Dans ce domaine, l'Italie a eu l'honneur de se placer à la tête des nations européennes. Le Parlement italien vient de voter la loi du 15 juin 1893 sur les prud'hommes *(Legge sui probiviri)*. Cette loi étend considérablement la compétence des conseils de prud'hommes ; ces conseils ont même les attributions de conseils de conciliation ; de plus, ils ont un rôle consultatif important (1). Eh bien ! malgré cette extension de la compétence des prud'hommes, le législateur italien a, non pas seulement reconnu l'électorat aux femmes, mais leur a également conféré le droit d'éligibilité. Désormais, les femmes sont autorisées à siéger et à remplir l'office de juges des contestations du travail.

---

(1) D'après l'article 13 de la nouvelle loi italienne du 15 juin 1893, tout conseil de prud'hommes a l'obligation de donner son avis sur les questions que le gouvernement juge à propos de soumettre à son examen.

La loi féministe du 15 juin 1893 est l'une des lois les plus progressistes qu'on ait votées en Europe, dans le cours de ce siècle.

D. *La Belgique est probablement entrée dans la même voie?...*

R. Aucunement. La Belgique réactionnaire ne pouvait point ne pas faire exception.

D. *Prouvez-le!*

R. Dans sa séance du 29 janvier 1889, la Chambre des représentants de Belgique a rejeté par 54 voix (droite) contre 16 (gauche), la proposition d'accorder aux femmes l'électorat pour les conseils de prud'hommes.

D. *Alors, ici encore, la Belgique est la seule retardataire?*

R. C'est sans conteste que le dernier rang lui convient.

VINGTIÈME LEÇON.

Du Suffrage administratif.

D. *Qu'entendez-vous par droit de suffrage administratif?*

R. J'entends par là le droit de participer à la nomination des mandataires chargés de la gestion des intérêts des communes et des provinces (départements, comtés, districts).

D. *Les femmes ont-elles possédé jadis ce droit?*

R. Oui. Sous l'ancien régime, les femmes, comme tous les autres habitants, ont eu le droit de délibération et de vote aux assemblées communales.

D. *Dans quelles contrées les femmes ont-elles joui de ce droit?*

R. Dans les Pyrénées, dans le Béarn, en Bigorre; en Bourgogne, en Lorraine, en Alsace, dans le Barrois, le Verdunois, en Champagne; dans le duché de Bouillon, dans le Luxembourg; dans l'ancien duché de Brabant et la principauté de Liège; en Toscane, dans le Lombardo-Vénitien et dans les provinces napolitaines.

D. *Et aujourd'hui, y a-t-il des pays où le droit de suffrage administratif appartient aux femmes?*

R. Oui, en Angleterre, en Écosse et dans le pays de Galles, les femmes votent pour toutes les questions d'enseignement et de bienfaisance, ainsi que dans les élections communales et provinciales.

D. *A quelle catégorie de femmes les lois anglaises ont-elles concédé le droit de vote municipal et provincial?*

R. La loi anglaise du 2 août 1869 et la loi du 13 août 1888, ont accordé le droit de vote municipal et provincial aux femmes célibataires ou veuves (1).

---

(1) La loi de 1869 et la loi de 1888 n'ont pas formellement stipulé que le suffrage n'appartiendrait qu'aux femmes hors mariage. La question fut tranchée par les tribunaux anglais. Un arrêt de la Cour du Banc de la Reine (*Court of Queen's Bench*), du 22 janvier 1872, décida que l'inscription sur les listes électorales ne devait être accordée qu'aux femmes hors mariage, chefs de ménage, et qu'en conséquence les femmes mariées étaient incapables de voter en matière municipale. Aujourd'hui cependant, le législateur anglais entre dans une voie plus radicale et se propose d'effacer toute distinction entre les femmes hors mariage et les femmes mariées. Lors de la discussion récente du bill établissant en Angleterre les Conseils de paroisse, la Chambre des Communes, a voté, dans sa séance du 16 novembre 1893, par 147 voix contre 126, l'amendement McLaren attribuant l'électorat aux femmes mariées contribuables. Puis, dans la séance du 1ᵉʳ janvier 1894, la Chambre a adopté la clause 29 (annexe) du bill, stipulant que l'électorat appartiendrait à la femme mariée, sauf dans le cas où le mari serait déjà électeur comme étant co-propriétaire avec sa femme des mêmes biens (*provided that a husband and wife shall not both be qualified in respect of the same property*).

D. *Y a-t-il beaucoup de femmes inscrites sur les listes électorales ?*

R. Il y a aujourd'hui, rien qu'en Angleterre, 685.202 femmes inscrites sur les listes électorales.

D. *Ailleurs, dans les possessions anglaises, les femmes jouissent-elles du droit de vote ?*

R. Oui. Les femmes votent à Jersey, à Guernesey (23 mars 1892); dans les sept provinces du Dominion canadien : à Québec et à Montréal, en vertu de chartes spéciales; dans l'Ontario (1884); dans la Nouvelle-Écosse (1884); dans le Manitoba et le Nouveau-Brunswick (1886); dans l'Ile-du-Prince-Édouard (1888); dans la Colombie Britannique, depuis 1889.

Il en est de même dans les sept colonies d'Australasie : Nouvelle-Galles-du-Sud (act municipal de 1867); Victoria (1874); Queensland; Australie occidentale (1876); Australie méridionale (1880); Tasmanie (1884); Nouvelle-Zélande (1886).

Enfin, il en est ainsi dans la Colonie du Cap, d'après l'act général municipal de 1882.

D. *Et dans la grande République américaine, les femmes ne votent-elles pas ?*

R. Oui, aux États-Unis, dans la majorité des États, les femmes participent aux élections pour les questions d'enseignement et de bienfaisance, et sont même éligibles dans ces deux domaines.

D. *Les femmes y prennent-elles part aux élections communales ?*

R. Les femmes prennent part aux élections communales dans le Wyoming, en vertu de la loi du 10 décembre 1869, ainsi qu'au Kansas, en vertu de la loi du 15 février 1887. Dans ces deux États, elles sont éligibles à toutes les fonctions municipales, au même titre que les hommes. Elles sont également électeurs municipaux dans l'État de Michigan, en vertu de la loi du 27 mai 1893.

D. *Quel est le nombre des femmes investies de l'électorat?*

R. Au Kansas, par exemple, il y a eu, aux dernières élections, 92.624 votants, dont 66.435 hommes et 26.189 femmes.

D. *Y a-t-il des pays qui ont concédé aux femmes le suffrage scolaire?*

R. Évidemment. Les États qui admettent l'intervention des femmes dans le règlement des questions scolaires, sont les suivants : Angleterre, Écosse, Suède, Norvège, Finlande, Islande; au Canada, les provinces de Manitoba, Nouvelle-Écosse, Colombie Britannique, Ontario; en Australie, les colonies de Victoria, Nouvelle-Galles-du-Sud, Nouvelle-Zélande, Australie occidentale, Australie méridionale, Tasmanie; ainsi que vingt et un États de l'Union américaine.

D. *La femme a-t-elle le droit d'intervenir dans l'administration de l'assistance publique?*

R. Une vingtaine d'États autorisent aujourd'hui les femmes à faire partie des commissions hospitalières, des commissions d'hospices, des commissions administratives d'hôpitaux ainsi que des bureaux de bienfaisance.

D. *Est-il vrai que, dans quelques États, les femmes peuvent intervenir dans l'administration du temporel du culte?*

R. Oui. La loi finlandaise du 27 novembre 1868, l'ordonnance suédoise du 21 mars 1862, la loi suédoise du 26 octobre 1883, la loi islandaise du 8 janvier 1886 ont reconnu aux femmes le droit d'intervenir dans les assemblées paroissiales, d'y prendre part aux discussions et aux votes sur les questions relatives au temporel du culte ainsi qu'à la nomination des pasteurs du culte luthérien.

D. *Sur le continent européen, y a-t-il des pays où les femmes sont investies du droit de suffrage administratif ?*

R. Parfaitement. Les femmes votent dans les quinze provinces de l'Autriche ; de même, en Hongrie (loi XXII de 1886); de même, en Croatie (loi du 28 janvier 1881).

D. *Et ailleurs?*

R. Les femmes votent aussi dans les communes rurales des provinces orientales de la Prusse (loi du 14 avril 1856, confirmée par la loi du 3 juillet 1891); en Saxe (loi saxonne du 24 avril 1873), et dans le Brunswick (loi du 17 mars 1850).

D. *Et ailleurs?...*

R. Elles votent aussi en Russie pour les élections municipales (loi du 16-28 juin 1870) et pour les élections de district (loi du 12 juin 1890).

D. *Est-ce tout?*

R. Non. Les femmes exercent le droit de suffrage municipal dans trois pays scandinaves.

D. *Qui sont....?*

R. D'abord, la Suède, où la loi du 21 mars 1862 a conféré aux femmes l'électorat communal.

D. *Et puis?*

R. La Finlande, où les femmes votent en vertu des lois du 6 février 1865, du 8 décembre 1873, du 15 août 1883.

D. *Enfin...?*

R. L'Islande.

D. *Comment! Les femmes votent en Islande?*

R. Cela vous étonne.... Oui, les femmes votent en Islande, en vertu de la loi du 12 mai 1882.

D. *Alors, une femme islandaise a plus de droits qu'une femme belge?*

R. Parfaitement.

D. *Mais, c'est une honte pour la Belgique!...*

R. Vous l'avez dit. C'est une honte pour la Belgique.

D. *Pourquoi ne change-t-on pas la loi en Belgique?*

R. Parce que nous sommes trop égoïstes pour nous occuper d'autre chose que de nos affaires; trop ignorants pour connaître les lois étrangères; trop paresseux pour étudier les réformes qui s'accomplissent chez les peuples voisins.

VINGT ET UNIÈME LEÇON.

Du Suffrage politique des Femmes.

D. *Par qui est faite la loi?*

R. La loi est faite par des hommes, représentants et sénateurs.

D. *Qui nomme les représentants et les sénateurs?*

R. Les électeurs, c'est-à-dire les hommes.

D. *En Belgique et en France, combien y a-t-il d'hommes ou plutôt d'individus du sexe masculin?*

R. Il y a en Belgique trois millions; en France, dix-neuf millions d'individus du sexe masculin.

D. *Combien d'électeurs y a-t-il parmi les hommes?*

R. Parmi les hommes, il y a en Belgique un million d'électeurs simples et pluraux; et, en France, dix millions cinq cent mille.

D. *Ne sont pas électeurs?...*

R. Ne sont pas électeurs, les enfants, les fous, les fripons, les vagabonds, les criminels, les tenanciers de maisons de débauche.

D. *En Belgique et en France, combien y a-t-il de femmes ou plutôt d'individus du sexe féminin?*

R. Il y a en Belgique trois millions; en France, dix-neuf millions d'individus du sexe féminin.

D. *Combien d'électeurs y a-t-il parmi les femmes?*

R. Parmi les femmes, en France comme en Belgique, il n'y a pas un seul électeur.

D. *La femme ne compte donc pas en France ni en Belgique?...*

R. Incontestablement, la femme ne compte pas. Aux yeux du législateur, elle ne vaut pas plus que les enfants, les fous, les fripons, les vagabonds, les criminels, les tenanciers de maisons de débauche.

D. *Cependant, la femme est-elle soumise aux lois?*

R. Oui, la femme est soumise aux lois.

D. *La femme répond-elle de ses délits?*

R. Oui, la femme répond de ses délits.

D. *La femme paye-t-elle les impôts?*

R. Oui, la femme paye les impôts; et, pour les payer, elle doit même travailler plus que l'homme, car le travail de la femme n'est rétribué que la moitié du travail de l'homme.

D. *Aucune femme ne pourrait-elle être électeur en Belgique ou en France?*

R. Aucune. Ni la reine Victoria, ni la reine Emma, ni la reine Marie-Christine qui gouvernent aujourd'hui avec intelligence l'Angleterre, la Hollande et l'Espagne, aucune de ces femmes ne pourrait, si elle appartenait à la nationalité belge ou française, devenir électeur en

France ou en Belgique; tandis que le dernier des ivrognes y jouit du droit de vote.

D. *La femme n'est-elle pas exclue de l'électorat, parce qu'elle n'est pas soldat?*

R. La femme n'est pas soldat, c'est vrai. Mais les soldats, c'est elle qui les fait. Elle les enfante dans la douleur, en exposant sa vie. L'impôt du sang, la femme le paye comme l'homme, mais d'une autre manière. Chaque année, trois cent mille (300.000) femmes dans le monde meurent, victimes de la maternité. Rien qu'en Belgique, il y a, en moyenne, par an, douze cents (1.200) femmes qui meurent d'affections puerpérales. Le service militaire ne prélève pas autant de victimes.

D. *Enlève-t-on les droits politiques à ceux qui ne sont pas soldats?*

R. Nullement. On ne prive pas de leurs droits politiques ceux qui ne sont pas soldats. Les exemptés et les réformés votent. Les bossus, les bancals, les soutiens de vieux parents, les hommes faibles de constitution, ceux qui n'ont pas la taille, les instituteurs, les prêtres sont électeurs, bien qu'ils ne soient pas soldats. De même, nos sénateurs qui, en grande majorité, sont incapables de porter le fusil, ne sont pas exclus du vote....

D. *Les femmes ont-elles toujours été privées de l'électorat politique?*

R. Non. Sous l'ancien régime, à partir de l'année 1302, les femmes votaient, comme les hommes, pour l'élection des députés aux États généraux.

D. *Y a-t-il des pays où les femmes possèdent aujourd'hui le droit de suffrage parlementaire?*

R. Sans doute, il y en a plusieurs.

D. *Citez ces pays!*

R. Ces pays sont : la République de l'Équateur (1861); le Wyoming (loi du 10 décembre 1869); l'Autriche (loi du 2 avril 1873); l'Ile de Man (loi du 5 janvier 1881); la Nouvelle-Zélande (loi du 19 septembre 1893); l'État de Colorado (États-Unis), depuis novembre 1893.

D. *Connaissez-vous des hommes d'État et des philosophes qui aient revendiqué pour la femme les droits politiques ?*

R. Oui, les hommes les plus considérables d'Angleterre, de France et d'Italie.

D. *Nommez-en quelques-uns !*

R. Pour la France, je citerai notamment Condorcet, Jules Favre, Victor Hugo, Alexandre Dumas fils; pour l'Angleterre, l'illustre philosophe John-Stuart Mill, les hommes d'État Beaconsfield, Gladstone, Salisbury, Balfour, William Woodall; pour l'Italie, Minghetti, Mancini, Depretis.

D. *L'exclusion des femmes de l'électorat peut-elle s'expliquer ?*

R. Non, car cette exclusion est arbitraire et injuste.

D. *Pourquoi les femmes ne votent-elles pas ?*

R. Les femmes ne votent pas à cause de l'égoïsme et des préjugés des hommes.

D. *Les femmes voteront-elles un jour en Belgique et en France ?*

R. Oui, les femmes voteront le jour où elles le voudront; c'est-à-dire quand elles auront enfin reconnu l'injustice de leur condition actuelle.

CONCLUSION.

D. Que demandent en somme les féministes?

R. Les féministes demandent que la femme puisse travailler comme elle l'entend ; qu'elle soit autorisée à exercer tous les métiers et toutes les professions ; que, pour une même somme de travail, son salaire soit égal à celui de l'homme ; que l'épouse soit dans la famille l'égale du mari ; que la mère possède des droits sur ses enfants ; et que les femmes aient une part d'intervention dans la gestion des intérêts publics.

D. N'y a-t-il pas cependant beaucoup de femmes qui ne veulent pas de droits?

R. Il importe peu. Quand, en 1807, la loi de Stein supprima le servage en Prusse, on vit les paysans pétitionner contre leur affranchissement, se lamentant d'avoir obtenu la liberté et demandant qui prendrait soin d'eux, quand ils tomberaient malades ou deviendraient vieux. Grand nombre de femmes, par une dépression d'énergie, en sont arrivées à considérer leur servage comme un état normal et naturel et pétitionneraient, elles aussi, contre leur affranchissement, comme jadis les paysans prussiens.

D. Ne faut-il pas tenir compte de ces dispositions de certaines femmes?

R. Nullement. Ce n'est pas une raison pour laisser croupir nos compagnes ignorantes dans un état de subordination servile, qui atrophie leur esprit, abaisse leur moralité, déprime leur caractère et paralyse leur activité. D'ailleurs, d'autres femmes, plus soucieuses de leur dignité et de leurs intérêts, demandent qu'une sorte de flétrissure soit levée de leur sexe ; que leurs opinions et leurs volontés soient jugées dignes d'attention ; que la loi cesse enfin de les ranger au nombre des enfants, des fous, des idiots ou des fripons.

D. *Les revendications féministes triompheront-elles un jour ?*

R. Sans aucun doute, car ces revendications sont justes et utiles.

D. *Quels avantages résulteront de l'émancipation de la femme ?*

R. D'abord, l'avantage de faire régler la plus étendue, la plus universelle des relations sociales par la justice au lieu de l'injustice ; puis, le bienfait de cultiver l'intelligence de la moitié de l'humanité ; donc, de doubler le capital intellectuel du genre humain....

D. *Et puis ?*

R. L'avantage de faire participer les femmes aux progrès de l'homme ; de rendre directe et responsable la part que prennent les femmes dans la formation de l'opinion publique ; enfin, d'améliorer l'influence qu'elles exercent au sein de la famille.

D. *En un mot, que sera l'émancipation féminine ?*

R. L'égalité de droit pour la femme sera une œuvre de justice, une cause de moralité plus élevée, de dignité plus grande et de perfectionnement plus rapide pour la famille humaine.

D. *Dites-moi donc : le Code civil de 1803 n'a-t-il pas proclamé l'égalité des sexes ?*

R. Oui. Le Code civil proclame, dans son article 8, que les Français et les Belges, hommes et femmes, jouissent des droits civils.

D. *Alors, la femme possède les mêmes droits civils que l'homme ?*

R. La femme devrait posséder tous les droits civils. Seulement, les articles 37, 148, 213, 214, 215, 217, 373,

442, 980, 1388, 1421, 1449, 1538 se sont empressés d'enlever aux femmes tous les droits que leur avait concédés l'article 8. Cela s'appelle retirer d'une main ce que l'on a accordé de l'autre.

D. *Est-ce que la Constitution belge du 7 février 1831 a entendu maintenir les injustices du Code civil?*

R. Aucunement. La Constitution belge proclame, au contraire, dans son article 6, l'égalité de tous les Belges devant la loi.

D. *Que dit la Constitution à propos du Code civil?*

R. La Constitution, dans son article 139, § 11, déclare qu'il faut reviser le Code civil, « **dans le plus court délai possible** ».

D. *Quand la Constitution a-t-elle dit cela?*

R. La Constitution belge a dit cela, le 7 février 1831.

D. *Et nous sommes en....?*

R. Et nous sommes en 1894.

D. *Le législateur a-t-il commencé la revision du Code civil?*

R. Non. Depuis 1831, nous attendons cette revision qui devait être accomplie « **dans le plus court délai possible** ». Voilà soixante-trois (63) ans que dure ce « **plus court délai possible** ». Et nous attendons toujours....

D. *Je ne savais pas ce que vous venez de dire. Mais vraiment, c'est une indignité!*

R. Oui. C'est une indignité pour la Belgique (1). L'histoire dira que le gouvernement censitaire de 1831 à 1894 fut « le règne des législateurs fainéants ».

---

(1) Mes critiques ne s'adressent évidemment pas à quelques hommes politiques belges, tels que Paul Janson, Emile Féron, Jules Le Jeune, dont l'activité et le dévoûment à la chose publique se brisent malheureusement contre l'inertie et l'incapacité d'une Chambre impuissante.

D. *Combien la Chambre des représentants a-t-elle tenu de séances depuis 1831 ?*

R. Depuis 1831, la Chambre des représentants a tenu environ 5950 séances.

D. *De ces séances, combien y en a-t-il qui aient été consacrées aux intérêts des hommes, et combien de consacrées aux intérêts des femmes?*

R. De ces 5950 séances, 5949 ont été consacrées aux intérêts des hommes. La valeur d'une seule séance à peine a été consacrée aux intérêts de la femme, et encore pour léser ces intérêts plutôt que pour les défendre.

D. *Alors, en Belgique, le législateur ne s'occupe point des intérêts des femmes?*

R. Le législateur, en Belgique, se soucie peu des intérêts et des droits de la femme. La femme n'est pas électeur. Nos représentants n'ont donc rien à attendre d'elle.

D. *Quelle est la condition faite aux femmes chez certaines nations de l'Europe occidentale?*

R. La femme y est méprisée dans sa personne, exploitée dans son travail, sacrifiée dans ses droits.

D. *Que veulent les féministes?*

R. Les féministes veulent que la mère, l'épouse, la fille, la sœur soient respectées et protégées. Ils veulent que la femme, traitée en majeure pour ses fautes, cesse d'être traitée en mineure perpétuelle pour ses droits.

D. *Que doivent faire les femmes?*

R. Les ouvrières doivent s'unir, se grouper, former des syndicats professionnels pour améliorer leur sort et les conditions de leur travail.

D. *Et les bourgeoises?*

R. Les bourgeoises honnêtes, celles qui ne sont ni

des poupées ni des égoïstes, celles qui ont un cœur qui sent, une intelligence qui comprend, des yeux qui voient, des oreilles qui entendent, doivent s'intéresser à leurs sœurs qui travaillent et qui souffrent. Pour leur honneur et dans leur intérêt, les femmes de toutes conditions doivent, d'un accord unanime, réclamer l'abrogation des lois iniques qui infériorisent leur sexe.

D. *Comment les femmes doivent-elles réclamer le changement des lois qui les oppriment?*

R. Les femmes doivent intéresser à la question féminine leurs pères, leurs frères, leurs maris, leurs fils. Comme les hommes valent généralement mieux que les lois qu'ils subissent, les femmes ne tarderont pas à obtenir l'appui de leurs parents pour le triomphe des revendications féministes.

D. *De quelle manière, les femmes devront-elles agir?*

R. Les femmes feront désormais une propagande intense, sérieuse, incessante, une propagande de chaque jour. De plus, elles useront de toutes leurs influences pour assurer par tous les moyens légaux la prompte réalisation du programme féministe.

D. *Les femmes obtiendront-elles un jour leur émancipation?*

R. Oui, le jour où elles le voudront.

D. *Comment cela?*

R. Ce que femme veut, Dieu le veut.

TABLE.

	Pages
Introduction	7
Première leçon. — De la Femme	25
Seconde leçon. — L'Intelligence de la Femme	29
Troisième leçon. — De la Mission de la Femme	33
Quatrième leçon. — L'Autorité maritale	37
Cinquième leçon. — De la Fidélité conjugale	40
Sixième leçon. — L'Autorité parentale	44
Septième leçon. — Du Régime des Biens entre Époux	49
Huitième leçon. — Les Salaires de la Femme	54
Neuvième leçon. — L'Épargne de la Femme mariée	58
Dixième leçon. — Du Témoignage de la Femme	61
Onzième leçon. — La Recherche de la Paternité	63
Douzième leçon. — Les Droits du Conjoint survivant	68
Treizième leçon. — La Femme-Médecin	70
Quatorzième leçon. — La Femme-Avocat	75
Quinzième leçon. — La Femme-Fonctionnaire	80
Seizième leçon. — La Femme dans les Emplois publics	85
Dix-septième leçon. — La Femme et le Droit de travailler	91
Dix-huitième leçon. — La Réglementation du Travail des Femmes	95
Dix-neuvième leçon. — Le Suffrage professionnel des Femmes	103
Vingtième leçon. — Du Suffrage administratif des Femmes	110
Vingt et unième leçon. — Du Suffrage politique des Femmes	115
Conclusion	119

BIBLIOTHÈQUE GILON
à 60 centimes le volume franco

Cette collection, créée dans l'esprit le plus large et le plus libéral, met la science moderne à la portée du grand public et contribue à élever le niveau moral des lecteurs. Elle est honorée des souscriptions des grandes institutions et de la collaboration des principaux savants.

A l'heure actuelle, elle est composée de 229 ouvrages originaux sur l'Architecture, l'Éducation, l'Hygiène, l'Industrie, l'Histoire, la Littérature, la Morale, la Poésie, la Politique, les Sciences, les Voyages, etc.

Un certain nombre de volumes est consacré à des Romans, Contes et Nouvelles.

CATALOGUE PAR ORDRE DES MATIÈRES

Arts.

96. J. de Mauriac	Les Jeudis de Monsieur Toby. — Causeries sur l'Architecture, vol. avec 5 planches.
103. Alf. Michiels	Memling, sa Vie & ses Ouvrages.
125. L. de Sagher	Les Musiciens Liégeois : Grétry, Gresnick, J.-N. Hamal.
169. Colonel Hannot	La Photographie, avec figures.
198. Fréd. Descamps	Le Théâtre dans les Petites Villes.
203. F.-V. Dwelshauvers	R. Wagner.
222-223. Émile Leclercq	Philosophie de l'Enseignement des Beaux-Arts. 2 vol.

Astronomie.

10. Camille Flammarion	Tableau de l'Astronomie, 3me édition.
116. A. Lejeune	Le Ciel & la Terre, vol. illustré de 36 vig.
144. J. Chalon	Le Monde tel qu'il est, vol. ill. de 22 vig.
206. Camille Flammarion	Variétés astronomiques.

VOIR ÉGALEMENT BIOGRAPHIES NUMÉRO 210.

Bibliothèque Gilon — 60 Cmes le vol. franco

Biographies.

Nº	Auteur	Titre
25.	Th. Juste	Joseph II, 2me édition.
28.	Th. Juste	Napoléon III. — Comment on devient Empereur. (épuisé)
40.	Th. Juste	Frédéric le Grand, 2me édition.
43.	H. Testard	Théodore Parker.
48.	F. de Grave	Chapuis, avec autographe, 3me éd. augm.
66.	Th. Juste	Washington, 2me édition.
91.	Th. Juste	Monsieur Thiers.
98.	L. Hymans	Confucius.
108.	Th. Juste	Cavour.
122.	Jules Carlier	Richard Cobden.
133.	Th. Juste	William Pitt.
148.	Th. Juste	Mirabeau.
160.	Elsent & Gueury-Dambois	Benjamin Franklin, par J. Micheels.
161.	Th. Juste	Charles Rogier.
164.	Th. Juste	Danton.
170.	L. Franck	Victor Hugo.
187.	Th. Juste	Robespierre.
189.	Th. Juste	Bismarck.
191.	Th. Juste	Napoléon Ier.
195.	Th. Juste	Napoléon III. — Comment on cesse d'être Empereur.
199.	E. Gilon.	Channing.
201.	Georges Barral	Claude Bernard.
204.	Th. Juste	La Grande Catherine.
208.	Georges Barral	Lazare Carnot, d'après deux témoins de sa vie & des documents nouveaux, 5me éd. augmentée & ornée d'un portrait.
210.	Général Liagre	J.-C. Houzeau.
214.	Mme A. Levoz	Emerson.
228.	XXX.	Émile de Laveleye.

Voir également ARTS numéros 105, 125, 205 et ÉDUCATION numéro 100b.

Botanique. — Jardinage.

Nº	Auteur	Titre
92.	C. Malaise	Simples Causeries sur la Botanique, vol. illustré de 33 vig.
146.	Léon Dumas	Le Jardin de mon Oncle.
184-185.	Comte Osw. de Kerckove	Autour de mon Jardin, 2 vol.

Éducation.

Nº	Auteur	Titre
14.	F. Laurent	Le Livre de l'Épargne, 4me édit. (épuisé)
81.	Th. Bost	Du Véritable Honneur, avec lettre-préface par le comte Goblet d'Alviella. (épuisé)
100.	Th. Bost	La Liberté par l'Instruction.
100b.	P. Combes	Les Œuvres d'Ernest Gilon. — Édition vendue au profit d'œuvres d'enseignement.
109.	Gueury & Grégoire	Le Sourd-Muet, avec 2 planches.
130.	Th. Bost	Le Père de Famille.
141.	L. Trasenster	L'Instruction supérieure de la Femme.

BIBLIOTHÈQUE GILON — 60 C^{mes} LE VOL. FRANCO

143.	Mlles M. de Laveleye & V. Fredericq	Le Manuscrit de la Grand'Mère, par Grâce Pierantoni, née Mancini.
147.	Émile Lefèvre	Lettres à mon Fils.
149.	Th. Bost	La Solidarité.
164.	A. Sluys	L'Enseignement des Travaux manuels dans les écoles primaires de garçons. (épuisé)
217-218.	Ém. Greyson	Les Aberrations de Maxime sur l'Éducation.
226.	Georges Dwelshauvers.	Les Méthodes de l'Idéalisme scientifique.

VOIR ÉGALEMENT **BIOGRAPHIES** NUMÉROS 43, 98, 160, 199, 214.

Histoire.

24.	J. Küntziger	Nos Luttes contre l'Intolérance & le Despotisme au XVIme siècle, avec une lettre-préface par le comte Goblet d'Alviella, 2me édition augmentée.
31.	A. Duverger	L'Inquisition en Belgique, 2me édition.
33.	H. Pergameni	Dix Ans d'Histoire de Belgique, 2me édit.
47.	Th. Juste	La Belgique Indépendante.
49.	A. Lallemand & A. Piters	1830-1880. Extraits des Œuvres patriotiques des Poètes belges.
94.	Ch. Rahlenbeck	La Belgique & les Garnisons de la Barrière.
105.	F.-G. Haghe	Les Papes & la Belgique du XVIme siècle & d'aujourd'hui.
114.	Th. Juste	La Justice des Princes-Évêques de Liège. — Le Procès du chanoine Sartorius.
136.	Th. Juste	Le Compromis des Nobles.
158.	Ch. Potvin	Jacques & Philippe van Artevelde.
173.	Comte Goblet d'Alviella	Histoire Religieuse du Feu.
177.	James Hocart	Deux Éclipses de la Liberté.
197.	G. Hagemans	Vie domestique d'un Seigneur châtelain au moyen âge.
200.	H. Pergameni	La Révolution Française.

VOIR ÉGALEMENT **BIOGRAPHIES** NUMÉROS 25, 28, 40, 48, 66, 91, 108, 135, 148, 161, 164, 187, 189, 191, 193, 204, 208.

Hygiène.

9.	Doct. H. Boëns	L'Art de Vivre. Traité général d'Hygiène. 3me édition. Édition complète, fr. 5.50. La table des matières contenues dans ce grand ouvrage est envoyée à toute demande.
13.	C.-A. Sanceau	La Faim & la Soif, 2me édition.
18.	E. Gilon	Nos Dents. Hygiène de la bouche, 2me éd. illustré de 36 vignettes.
42.	Doct. H. Richard	La Santé de l'Enfance, 3me édition.
45.	Doct. H. Richard	De la Nourriture de l'Homme.
60.	Doct. H. Robert	Le Corps humain, vol. illustré de 13 vign., 2me édition.
70.	Doct. Fredericq	Les Accidents. Remèdes sous la main.
75-76.	Doct. Fredericq	Hygiène populaire, 2 vol.

BIBLIOTHÈQUE GILON — 60 C^{mes} LE VOL. FRANCO

183.	Jeanne de Poulanges	Tout à Bébé. Traité de l'hygiène & de la santé de l'enfant en bas âge.
186.	Louise Juste	La Cuisine, recettes usuelles, par miss Guthrie Wright.
196.	Doct. L. Leplat	Hygiène de l'Œil, avec vignettes.
220.	Doct. C. Paul	La Tuberculose.

Industrie.

21.	Cl. Lyon	L'Homme de Verre, 2me édition revue.
37.	Cl. Lyon	La Houille, 2me édit. refondue. (épuisé)
69.	E. Gilon	Le Pétrole, 2me édition revue.

Morale & Politique.

38-39.	F. Croquet	La Constitution belge commentée, 2 vol. 2me édition.
50.	Th. Juste	Les Jésuites.
61.	Th. Juste	Le Passé des Classes Ouvrières, 2me édit.
77.	Th. Juste	L'Ancien Régime.
88.	A.-C. Kourbsky	Souvenirs d'un Émigrant : De Hambourg à Chicago. (épuisé)
123.	A.-C. Kourbsky	Souvenirs d'un Émigrant : La Lutte pour l'Existence.
145.	W.-F. Baring	L'Anglais chez lui. Les Institutions politiques.
156.	W.-F. Baring	L'Anglais chez lui. La Vie mondaine.
166.	P. Combes	Les Systèmes de Votation des Peuples libres
171.	Ém. de Laveleye	La Crise & ses Remèdes.
178.	Ém. de Laveleye	Le Luxe. (épuisé)
181.	M. Philippson	Les Associations ouvrières & le Socialisme, par Max Hirsch.
211.	A. Stevart	Copernic & Galilée devant l'Université de Louvain. — Procès de Van Velden.
227.	Paul Beurdeley	Les Catéchismes révolutionnaires.
229.	Louis Frank	Le Grand Catéchisme de la Femme.

VOIR ÉGALEMENT **BIOGRAPHIES** NUMÉROS 43, 98, 122, 160, 199.

Poésie.

12.	De Linge	Hermann & Dorothée, de Gœthe, traduit en vers, 3me édition.
29.	Ch. Potvin	Contes, par Mme Rose.
95.	Potvin & Frenay	Essai de Poésie populaire.

Romans. — Contes. — Nouvelles.

7.	H. Pergameni	Le Secret de Germaine, nouvelle, 2me éd.
8.	Mme Deros	La Famille Gerelin ou les Victimes des Préjugés, 2me édition.
11.	C. Lemonnier	En Brabant, contes, 2me édition.
16.	Ém. Leclercq	Contes populaires, 2me édition.
17.	Mme Eug. Garcin	L'Honneur des Femmes. Hélène (épuisé).
19.	Éd. Barlet	Ce que peut une jeune Fille, par Van Driessche, 2me édition.

Bibliothèque Gilon — 60 C^{mes} le vol. franco

20. V. Galand	Ma Voisine, nouvelle, (épuisé).	
22. J. Chalon	En attendant Bébé.	
26. Ém. Leclercq	A quelque chose Malheur est bon, 2me éd.	
27. Aug. Lavallé	La Chasse au Mari. — Le prince Tonnerre de Canons, nouvelles, p' Arnold Wellmer.	
35. C. Lemonnier	Les Bons Amis, conte, 2me édition.	
46. C. Lemonnier	Trois Contes.	
51. Mme Deros	Les Mésaventures de Rosine.	
52. Edgar La Selve	Contes Anglais, par mistress S.-C. Hall. (épuisé)	
53-53bis. Mlle Van de Wiele	Le Roman d'un Chat, 2me édition, 2 volumes.	
54. Elsenl & Gueury	Six Nouvelles, par Teirlinck-Stijns.	
56. Éd. Barlet	Monsieur Cinq-Pour-Cent, p' Van Driessche.	
58. Mlle Eug. Darrien	Paul & Blanche.	
65. Ém. Leclercq	Fleurs de Jeunesse : Le Fils de la Voisine. — Céleste. — Évelina, 2me édition.	
73. P. Combes	Bleu-de-Ciel & Pervenchette.	
78. Ém. Greyson	Bons ou Mauvais, au choix, 2me édition.	
79. Jan Leysemuer	Récits Gantois, par Pierre Geiregat.	
80. Eug. Gens	Le Taupin croisé & la Comtesse d'Artois, avec lettre-préface par Ch. Potvin.	
83. P. Combes	Les Idées d'un vieux Rat.	
84. Elsenl & Gueury	Douleurs & Joies du Peuple, par Pierre Geiregat.	
86. P. Combes	Contes d'un Apothicaire.	
87. Mme Deros	Les Histoires de Tante Julienne.	
90. R. Gauge	Un jeune Poète à Paris.	
93. Caroline Gravière	La Servante, avec une préface par Camille Lemonnier.	
97. Ém. Greyson	Aventures en Flandres.	
99. Mme Lafouge-Aglmont	Ce que se disent les Poupées.	
102. Elsenl & Gueury	Scènes Familières, par Virginie & Rosalie Loveling.	
104. Aug. Lavallé	Juifs & Russes, par L. de Sacher-Masoch.	
07. Elsenl & Gueury	Tante Sidonie, par Mme Courtmans, avec une préface par Paul Fredericq.	
110. P. Combes	Cage dorée.	
111. Ém. Greyson	Entre Bourgeois.	
112. Mlle Juste	Contes Écossais, par Charles Gibbon.	
113. Elsenl & Gueury-Dambois	Baas Colder, par Teirlinck-Stijns.	
118. F. Gravrand	Mon Fils ! par S. Farina, tome I.	
126. F. Gravrand	Mon Fils ! par S. Farina, tome II.	
129. Mme Poradowska-Gachet	Tournesol.	
131. F. Gravrand	Mon Fils ! par S. Farina, tome III.	
132. Elsenl & Gueury-Dambois	La Perle du Hameau, par Mme Courtmans.	
135. Mlle Juste	Contes honnêtes, par Hannah Lawrance & Frédéric-William Robinson.	
137. Elsenl & Gueury-Dambois	Où gît le Bonheur, par P. Geiregat.	
138. F. Gravrand	Mon Fils ! par S. Farina, tome IV.	

Bibliothèque Gilon — 60 Cmes LE VOL. FRANCO

- 139. Mlle Mary de Komar — Romans de Bêtes.
- 140. Mme Deros — Pierre le Hiercheur.
- 150. Abel Combes — Les Chargeurs de Thé.
- 151. H. Pergameni — Le Feu.
- 152-153. Amélie van Soust de Borkenfeldt — Cheveux blonds, par S. Farina.
- 155. G. Chantraine — Quelques Pages des Maîtres Conteurs Allemands.
- 159. Abel Combes — L'Atoll.
- 163. Louise Juste — Le Malheur de l'Irlande.
- 165. Abel Combes — La Grotte aux Hirondelles.
- 172. Franz Mahutte — Contes Microscopiques.
- 180. Mlle Mary de Komar — Fleurette ou le premier Amour d'un Roi, par Henri Schokke.
- 182. Edmond Picard — La Forge Roussel.
- 188. Émile Leclercq — Gaillard Frère & Sœur.
- 190. Abel Combes — L'Amock. Aventures de deux Pilotins.
- 192. Charles de Bordeu — La Marie Bleue. Nouvelle Basque.
- 193. Mlle Mary de Komar — Journal d'une Enfant.
- 194. H. Pergameni — Le Mariage d'Ango.
- 213. Paul Lindau — Hélène Jung, roman.
- 221. Lazare Carnot — Don Quichotte.

Sciences vulgarisées.

- 34. P. de Bruycker — Les Glaciers, 2me édition.
- 67. G. Mallet — Les Terres, 2me édition.
- 74. Mlle de Blocq — Histoire de l'Océan.
- 101. P. Combes — Les Deux Pôles de l'Infini.
- 119. P. Combes — Le Darwinisme.
- 121. J. Chalon — Quelques Expériences de Chimie, avec 15 vignettes.
- 124. R. Serrure — La Monnaie en Belgique. (épuisé)
- 127. P. Combes — Le Merveilleux dans la Nature.
- 134. J.-B. Rosy — La Monnaie & les Machines.
- 142. P. Combes — L'Ane à Tomy. Traité d'anatomie.
- 154. P. Combes — Nos Cousins les Animaux. Ouvrage couron.
- 157. P. Combes — Le Hanneton.
- 168. Camille Flammarion — Les Tremblements de Terre.
- 174. Stanislas Meunier — L'Esprit scientifique à travers les Ages.
- 179. Camille Flammarion — Variétés scientifiques.
- 202. J. Chalon — Le Microscope, vol. illustré de 40 vig.
  Cet ouvrage a obtenu le prix De Keym.
- 205. Doct. F. Henrijean — Les Microbes.
- 207. P. Combes — Un Morceau de Craie.
- 212. Stanislas Meunier — Deux Chapitres nouveaux de la Science.
- 215. P. Combes — La Mécanique en jouant.
- 219. Stanislas Meunier — Les grands Travaux maritimes.
- 224. Paul Combes — Les Civilisations animales.
- 225. Paul Pelseneer — Exploration des Mers profondes. 22 vig.
  Cet ouvrage a obtenu le prix De Keym.

VOIR ÉGALEMENT BIOGRAPHIES NUMÉROS 201, 208, 210.

Bibliothèque Gilon — 60 C^{mes} le vol. franco

Voyages.

15.	F. Gravrand	Notes de voyage: De Bruxelles à Venise, 3me édition.
30.	Alf. Bruneel	Dans le Nord: Suède, Norvège & Danemark vol. avec carte, 2me édition.
32.	V. Lefèvre	Huit Jours en Allemagne, 2me édition.
36.	J. Chalon	Aux Pyramides, 2me édition.
41.	J. Chalon	Un Mois en Tunisie. (épuisé)
44.	Alf. Bruneel	Souvenirs de voyage: Constantinople & Athènes.
55.	Doct. Ch. Corbisier	Nord & Sud. Voyage dans les deux Amériques, 2me édition.
57.	Alb. Verhaeren	Au Brésil. (épuisé)
59.	Goblet d'Alviella	Comment je n'allai pas en Espagne. Souvenirs d'un voyage dans l'Atlantique, vol. avec carte.
62.	Alf. Bruneel	Damas, Jérusalem, Suez.
63.	E. Gilon	Chez les Sauvages, 2me édition.
64.	L. Dumas	La Vie à Bord.
68.	J. Chalon	Mes Vacances en Suisse, 2me édition.
71-72.	Éd. de Laveleye	Les États-Unis, 2 volumes.
82.	Alb. du Bois	A travers l'Italie.
85.	Emm. Desoer	Notes de voyage: Le Salzkammergüt.
89.	L. Hymans	Le Mont-Cenis & le Saint-Gothard. (épuisé)
106.	J. de Maurlac	Souvenirs de voyage en Hollande. L'oncle Van Beck.
115.	E. Boulland	En Afrique centrale.
117.	Alb. Verhaeren	La Plata.
120.	Ém. de Harven	La Nouvelle Zélande.
128.	Ém. Cauderlier	Une Excursion en Sicile.
162.	Léon Dumas	Le Pays du Café.
175-176.	Ferdinand Gravrand	Le Voyage d'un Ignorant à Paris. Recette contre l'Hypocondrie, par Giovanni Raiberti, 2 volumes.
200.	Colonel baron Lahure.	Mon « Note-Book » à l'Exposition. Paris, 89.
216.	J. Chalon	La Sicile.

VOIR ÉGALEMENT **MORALE & POLITIQUE** NUMÉROS 88, 123, 143, 156.

Nouveau Mode de Souscription faisant pénétrer la Bibliothèque Gilon aussi bien dans les campagnes que dans les villes.

Les souscripteurs qui désirent solder volume par volume, au fur et à mesure de leur publication, reçoivent à domicile, dans n'importe quelle ville, quel village ou quel hameau, chaque mois un volume contre 60 centimes, sans aucun frais de port ou de recouvrement. Un service tout spécial est organisé pour cette remise à domicile dans n'importe quelle partie du pays. Cette nouvelle disposition permet à chacun, si modeste qu'il soit, de posséder cette publication, sans faire le moindre sacrifice, le paiement de 60 centimes par mois étant minime et se faisant sans qu'aucun budget domestique, si petit qu'il soit, puisse s'en apercevoir.

C'est bien la bonne, la saine et l'utile littérature, mise à la portée de tous.

Chaque fascicule forme un ouvrage complet de plus de 110 pages, broché.

Lorsque le texte l'exige le volume contient des gravures, cartes, planches, etc., sans augmentation de prix.

Il est accordé de grandes facilités de paiement aux personnes qui veulent acquérir la collection complète des 229 volumes parus.

Demander le catalogue rue Pont St-Laurent, 21, à Verviers.

CHAQUE NUMÉRO FORME UN BEAU VOLUME DE 110 A 150 PAGE

Ouvrages publiés en dehors de la Collection

G.-J. HOLYOAKE. — **Histoire de la Coopération à Rochdale**, traduction de l'anglais, par O. CAMBIER, 1 volume in-12 de 300 pages (1) . . . . fr. 3.50.

GUYOT-DAUBÈS. — Élèves en retard : **L'Art d'Apprendre et de Retenir sans Efforts**, cours pratique et complet en 4 leçons (1). Les 4 leçons . . . . fr. 5.00

Dr H. BOËNS. — **L'Art de Vivre**, Grand traité d'hygiène populaire. Un volume grand in-8°, de 380 pages (1) . . . . fr. 5.65

Dr Hipp. BARELLA. — Une page de l'histoire littéraire contemporaine de la Belgique : **Édouard Wacken**. Édition ornée d'un portrait. 1 vol. de 125 pages . . . . fr. 2.00

C. & J. SERESSIA. — Économie domestique : **Le Ménage Populaire**, à l'usage des Mères de familles et des Dames : Directrices d'écoles, Institutrices, Maîtresses de couture, 3e édition refondue. 1 vol. in-12 de 148 pages . . . . fr. 1.20

A. DE HAEREN. — **Souvenirs d'un vieux Bruxellois.** . fr. 3.00

Fréd. ALVIN. — **Le Régime féodal.** 1 vol. in-12 . . . fr. 1.25

Mlle Alix RENIER. — **Chants du Soir.** 1 vol. . . . . fr. 2.00

Philippe De BRUYNE. — **Table alphabétique des Décisions en matière de Droit fiscal insérées au Recueil général**, avec annotations, etc., 1848 à 1884. 1 vol. grand in-8°, 420 pages, 1885 . . . . fr. 6.00

Mme F. DEROS. — **Le Curé Jadouille.** 1 vol. in-12. . . fr. 2.00
— **Polycarpe.** 1 vol. . . . . fr. 2.50

Georges DELACROIX. — **Les Luttes de la Vie.** 1 vol. . fr. 2.00

Émile LECOMTE. — **Papillons et Papillotes.** 1 volume in-12 de 200 pages . . . . fr. 3.50

Ferdinand GRAVRAND. — **Rimes et Raisons**, 1 volume in-12 de 170 pages . . . . fr. 3.00

REMO. — **De la Condition des Ouvriers et des Moyens de Remédier à leur Situation.** 1 vol. in-18. . . . . fr. 1.00

J. VINCENT, de l'Observatoire de Bruxelles. — **La Comète, almanach populaire**, 1891, 1re année, 1 volume in-12 de 150 pages. fr. 1.00
1892, 2me année, 1 volume in-12 de 160 pages . . . . fr. 0.75
1893, 3me année, 1 volume in-12 de 160 pages . . . . fr. 1.50
1894, 4me année, 1 volume in-12 de 176 pages, avec vignettes fr. 0.25

---

(1) Un prospectus détaillé est envoyé à toute demande.

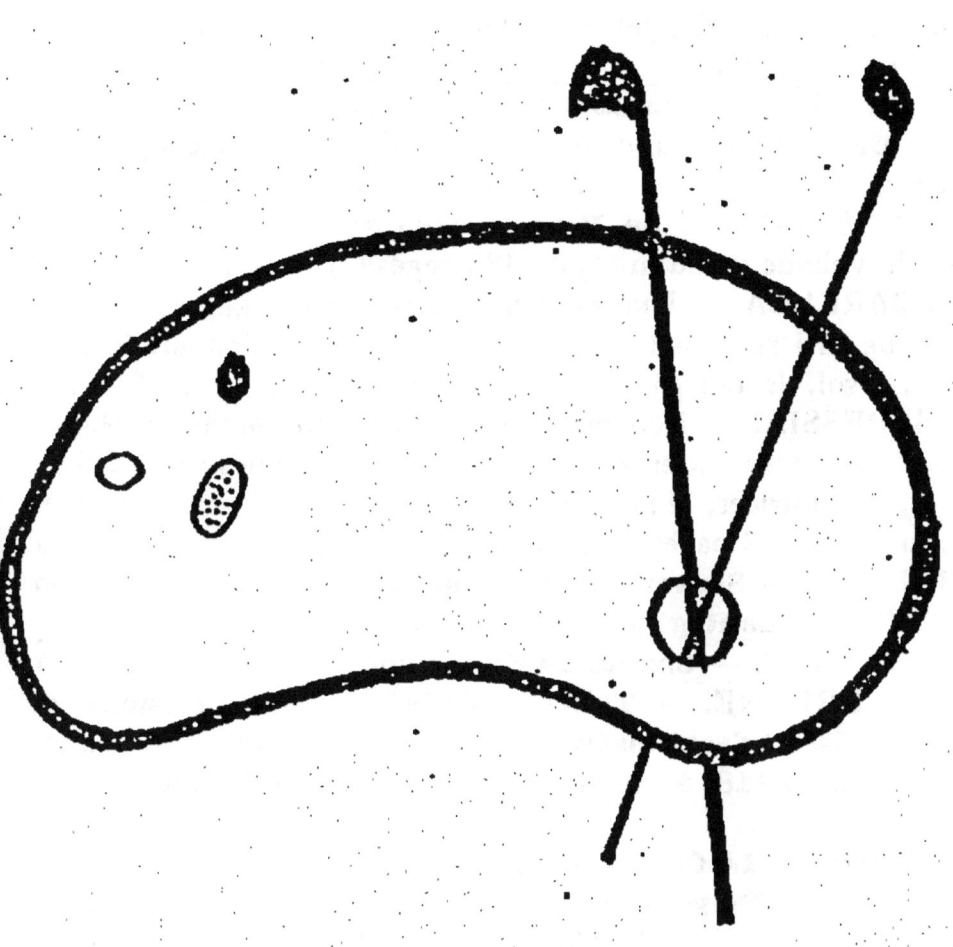

ORIGINAL EN COULEUR
NF Z 43-120-8

Ouvrages publiés en dehors de la Collection

G.-J. HOLYOAKE. — **Histoire de la Coopération à Rochdale**, traduction de l'anglais, par O. Cambier, 1 volume in-12 de 300 pages (1) . . . . fr. 3.50.

GUYOT-DAUBÈS. — Élèves en retard : **L'Art d'Apprendre et de Retenir sans Efforts**, cours pratique et complet en 4 leçons (1). Les 4 leçons . . . . fr. 5.00

Dr H. BOËNS. — **L'Art de Vivre**, Grand traité d'hygiène populaire. Un volume grand in-8°, de 380 pages (1) . . . . fr. 5.65

Dr Hipp. BARELLA. — Une page de l'histoire littéraire contemporaine de la Belgique : **Édouard Wacken**. Édition ornée d'un portrait. 1 vol. de 125 pages . . . . fr. 2.00

C. & J. SERESSIA. — Économie domestique : **Le Ménage Populaire**, à l'usage des Mères de familles et des Dames : Directrices d'écoles, Institutrices, Maîtresses de couture, 3e édition refondue. 1 vol. in-12 de 148 pages . . . . fr. 1.20

A. DE HAEREN. — **Souvenirs d'un vieux Bruxellois**. . fr. 3.00

Fréd. ALVIN. — **Le Régime féodal**. 1 vol. in-12 . . . fr. 1.25

Mlle Alix RENIER. — **Chants du Soir**. 1 vol. . . . . fr. 2.00

Philippe DE BRUYNE. — **Table alphabétique des Décisions en matière de Droit fiscal insérées au Recueil général**, avec annotations, etc., 1848 à 1884. 1 vol. grand in-8°, 420 pages, 1885 . . . . fr. 6.00

Mme F. DEROS. — **Le Curé Jadouille**. 1 vol. in-12. . . . fr. 2.00
— **Polycarpe**. 1 vol. . . . . fr. 2.50

Georges DELACROIX. — **Les Luttes de la Vie**. 1 vol. . fr. 2.00

Émile LECOMTE. — **Papillons et Papillotes**. 1 volume in-12 de 200 pages . . . . fr. 3.50

Ferdinand GRAVRAND. — **Rimes et Raisons**, 1 volume in-12 de 170 pages . . . . fr. 3.00

REMO. — **De la Condition des Ouvriers et des Moyens de Remédier à leur Situation**. 1 vol. in-18 . . . . fr. 1.00

J. VINCENT, de l'Observatoire de Bruxelles. — **La Comète, almanach populaire**, 1891, 1re année, 1 volume in-12 de 150 pages. fr. 1.00
1892, 2me année, 1 volume in-12 de 160 pages. . . . fr. 0.75
1893, 3me année, 1 volume in-12 de 160 pages . . . fr. 1.50
1894, 4me année, 1 volume in-12 de 176 pages, avec vignettes fr. 0.25

---

(1) Un prospectus détaillé est envoyé à toute demande.

www.ingramcontent.com/pod-product-compliance
Lightning Source LLC
Chambersburg PA
CBHW060151100426
42744CB00007B/981